D1670975

Sentier de
Saint-Jacques-de-Compostelle
Le Chemin du Puy
Moissac / Roncevaux

Fédération Française de la Randonnée Pédestre

association reconnue d'utilité publique
14, rue Riquet
75019 PARIS

Miradoux. *Photo CDT Gers.*

Sommaire

Comment utiliser le topo-guide

de pierre extérieur aujour-d'hui ruiné, on jetait des projectiles. Entre le château et l'église reconstruite par les Hospitaliers au début du 14e siècle, se trouvait le

Pour comprendre la carte IGN

Courbes de niveau
Altitude • 974

Les courbes de niveau
Chaque courbe est une ligne (figurée en orange) qui joint tous les points d'une même altitude. Plus les courbes sont serrées sur la carte, plus le terrain est pentu. A l'inverse, des courbes espacées indiquent une pente douce.

Route	
Chemin	
Sentier	
Voie ferrée, gare	
Ligne à haute tension	
Cours d'eau	
Nappe d'eau permanente	
Source, fontaine	
Pont	
Eglise	
Chapelle, oratoire	
Calvaire	
Cimetière	
Château	
Fort	
Ruines	
Dolmen, menhir	
Point de vue	

D'après la légende de la carte IGN au 1 : 50 000.

Les sentiers de Grande Randonnée® décrits dans ce topo-guide sont **tracés en rouge** sur la carte IGN au 1 : 50 000 **(1 cm = 500 m)**.

La plupart du temps, **les cartes sont orientées Nord-Sud** (le Nord est en haut de la carte). Sinon, la direction du Nord est indiquée par une flèche rouge.

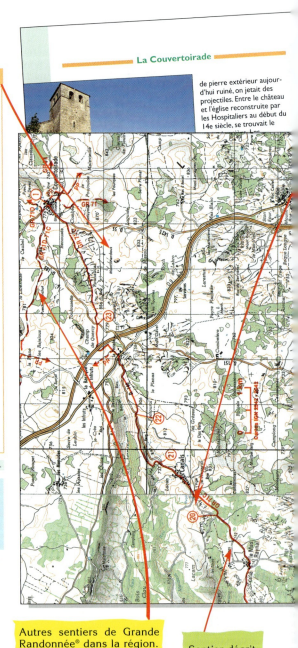

Autres sentiers de Grande Randonnée® dans la région.

Sentier décrit.

des Sentiers de Grande Randonnée® ?

L'élevage ovin sur le larzac

Voici plus de quatre mille ans que l'homme commença d'élever des moutons, animaux parfaitement adaptés à ce milieu de pelouses sèches, d'herbe courte, d'absence d'eau courante. La présence des troupeaux a grandement marqué

L'élevage actuel

L'évolution s'est amorcée dans le dernier quart du 18e avec l'introduction des cultures fourragères. Les possédants étaient des hommes éclairés conscients des ~~à accomplir : produire une~~

Pour découvrir **la nature** et le patrimoine de la région.

Du Mas Raynal à Canals   `3 km` `45 mn`

A 2 km du Mas Raynal, la Sorgues coule au fond d'un aven, profond de 106 m. Martel l'explora en 1889.

Au **Mas Raynal**, emprunter la D 140 en direction de La Pezade.

20 Au niveau de l'embranchement des Aires, prendre à droite sur 500 m un chemin parallèle à la route. Suivre celle-ci jusqu'à **Canals**.

Description précise du sentier de Grande Randonnée®.

Quelques infos touristiques

De Canals à La Pezade   `1 km` `1 h`

Vestiges de fortifications, église du 18e siècle.

De **Canals**, continuer sur la D 140 sur 500 m.

21 Après le pont sur un ruisseau, obliquer à gauche sur un chemin montant qui se poursuit sur la crête. Retrouver la route.

22 Après quelques mètres, obliquer à droite sur un chemin parallèle. Emprunter à nouveau la route pour arriver à **La Pezade**.

Le Hors GR est un itinéraire, généralement **non balisé**, qui permet de rejoindre un hébergement, un moyen de transport, un point de ravitaillement. *Il est indiqué en tirets sur la carte.*

Hors GR pour **Les Infruts** : `1 km` `15 mn`
Aux Infruts :
Suivre la N 9 vers le Nord.

Pour savoir **où manger, dormir, acheter des provisions, se déplacer en train ou en bus,** etc.

(voir le tableau et la liste des hébergements et commerces).

De La Pezade à La Couvertoirade   `4 km` `1 h 15`

À La Couvertoirade :

A l'entrée du hameau de **La Pezade**, traverser la N 9 et prendre en face un chemin creux en direction de l'autoroute. Continuer tout droit jusqu'à la clôture, suivre celle-ci sur la gauche. Emprunter le passage souterrain et rejoindre la D 185. La traverser

23 Obliquer sur un chemin bordé de murets et de haies de buis en direction de **La Couvertoirade**.

Couleur du **balisage**.

45

Le temps de marche pour aller de **La Pezade** à **La Couvertoirade** est de 1 heure et 15 minutes pour une distance de 4 km.

Informations pratiques

Quelques idées de randonnées

■ Les itinéraires décrits

Le topo-guide décrit le sentier GR® 65, de Moissac à Roncevaux (344,5 km) et ses variantes (18,5 km).

■ Quelques suggestions

Nous avons sélectionné pour vous quelques circuits pour randonner le temps d'un week-end ou pendant vos vacances :

Deux jours

Premier jour : de Saint-Palais à Ostabat, 11 km
Deuxième jour : d'Ostabat à Saint-Jean-Pied-de-Port, 21 km
Voir pp. 109-119

Trois jours

Premier jour : de Moissac à Auvillar, 20,5 km
Deuxième jour : d'Auvillar à Saint-Antoine, 8,8 km
Troisième jour : de Saint-Antoine à Lectoure, 23,5 km
Voir pp. 29-43.

Quatre jours

Premier jour : d'Aire-sur-l'Adour à Arzac, 33,5 km
Deuxième jour : d'Arzac à Pomps, 19,5 km
Troisième jour : de Pomps à Maslacq 18,5 km
Quatrième jour : de Maslacq à Navarrenx, 20 km
Voir pp. 75-99

Six jours

Premier jour : de Lectoure à La Romieu, 19 km
Deuxième jour : de La Romieu à Condom, 16 km
Troisième jour : de Condom à Séviac, 19 km
Quatrième jour : de Séviac à Eauze, 18 km
Cinquième jour : d'Eauze à Nogaro, 20 km
Sixième jour : de Nogaro à Aire-sur-l'Adour, 28 km
Voir pp. 45-75

Le balisage des itinéraires

Le GR® 65 et ses variantes sont balisés en blanc et rouge

La randonnée : une passion FFRP !

Des sorties-randos accompagnées, pour tous les niveaux, sur une journée ou un week-end : plus de 2000 associations sont ouvertes à tous, dans toute la France.

Un grand mouvement pour promouvoir et entretenir les 180 000 km de sentiers balisés. Vous pouvez vous aussi vous impliquer dans votre département.

FFRP

Des stages de formations d'animateurs de randonnées, de responsables d'association ou encore de baliseurs, organisés toute l'année.

Une garantie de sécurité pour randonner bien assuré, en toute sérénité, individuellement ou en groupe, grâce à la licence FFRP ou à la RandoCarte.

Pour connaître l'adresse du Comité de votre département, pour tout savoir sur l'actualité de la randonnée et découvrir la collection des topo-guides :

www.ffrp.asso.fr

Centre d'Information de la FFRP
14, rue Riquet 75019 Paris - Tél : 01 44 89 93 93
Ouvert du lundi au samedi de 10h à 18h.

Avant de partir…

■ Période conseillée, météo

• En été, ne pas oublier de faire provision d'eau et partir tôt le matin, les jours de forte chaleur.

• La dernière partie de l'itinéraire entre Saint-Jean-Pied-de-Port et le col de Bentarte peut être enneigée de fin décembre à fin mars (se renseigner à la gendarmerie de Saint-Jean-Pied-de-Port).
– Gendarmerie de Saint-Jean-Pied-de-Port, tél. 05 59 37 00 36.

– Info météo :
Tarn-et-Garonne, tél. 08 36 68 02 82
Gers, tél. 08 36 68 02 32
Landes, tél. 08 36 68 02 40
Pyrénées-Atlantiques, tél. 08 36 68 02 64

■ Difficultés

Le GR® 65 n'offre aucune difficulté aux randonneurs équipés convenablement.
En été, ne pas oublier de faire provision d'eau et de partir tôt le matin, les jours de forte chaleur.

■ Les temps de marche

Les temps de marche indiqués dans ce guide sont indicatifs. Ils correspondent à une marche effective d'un marcheur moyen. Attention ! Les pauses et les arrêts ne sont pas comptés.

Le rythme de marche est calculé sur la base de 4 km à l'heure.

Chacun adaptera son rythme de marche selon sa forme physique, la météo, le poids du sac, etc.

■ Modifications d'itinéraires

Le parcours correspond à la description qui est faite dans le topo-guide. Toutefois, dans le cas de modification d'itinéraire, il faut suivre le nouveau balisage qui ne correspond plus alors à la description. Ces modifications sont disponibles auprès du Centre d'information de la FFRP (tél. 01 44 89 93 93).
Les renseignements fournis dans le topo-guide, ainsi que les jalonnements et balisages, n'ont qu'une valeur indicative, destinée à permettre au randonneur de trouver plus aisément son chemin.
La responsabilité de la FFRP ne saurait donc être engagée.
Bien entendu, le balisage n'est pas une finalité, mais un moyen d'assistance et d'initiation : son objectif est de permettre aux randonneurs, voire aux promeneurs, de se déplacer dans le milieu naturel sans autre aide que celles de la carte, de la boussole, d'un jalonnement des lieudits et des points remarquables du paysage.

■ Assurances

Le randonneur parcourt l'itinéraire décrit, qui utilise le plus souvent des voies publiques, à ses risques et périls. Il reste seul responsable, non seulement des accidents dont il pourrait être victime, mais des dommages qu'il pourrait causer à autrui tels que feux de forêts, pollutions, dégradations…

Certains itinéraires empruntent des voies privées : le passage n'a été autorisé par le propriétaire que pour la randonnée pédestre exclusivement.

De ce qui précède, il résulte que le randonneur a intérêt à être bien assuré. La FFRP et ses associations délivrent une licence incluant une telle assurance.

Se rendre et se déplacer dans la région

■ SNCF

Le GR® décrit dans cet ouvrage est accessible à partir des gares de Moissac, Malause, Saint-Jean-Pied-de-Port

Renseignements SNCF,
tél. 08 36 35 35 35

■ Cars privés

• Société Moissagaise de Transports, Z.A. La Dérocade, 82200 Moissac, tél. 05 63 04 92 30, lignes Moissac – Agen, Moissac – Montauban et Moissac – Valence-d'Agen.

• Transports Bajolle, gare routière, 32000 Condom, tél. 05 62 28 04 82, ligne Agen – Condom

• Cars CITRAM Pyrénées, palais des Pyrénées, rue Gachet, 64000 Pau, tél. 05 59 27 22 22, ligne Agen - Pau par Condom, Eauze, Manciet, Nogaro et Aire-sur-l'Adour

• Cars Rivière, Z.I., 32000 Auch, tél. 05 62 05 46 24, ligne Agen – Auch par Lectoure, ligne Aire-sur-l'Adour – Toulouse par Manciet, Nogaro et Barcelonne-du-Gers

• Transports Basques Associés, place de l'Hôtel-de-Ville, 64120 Saint-Palais, tél. 05 59 65 73 11, ligne Bayonne – Saint-Palais

• Cars TPR, place Clemenceau, 64000 Pau, tél. 05 5927 45 98, lignes Pau – Biarritz et Pau – Orthez par Arthez et Maslacq, ligne Pau – Mauléon par Navarrenx.

Hébergement, restauration, commerces, services

■ Se loger

On peut se loger chaque soir sur l'itinéraire ou à proximité immédiate. Les formules d'hébergement sont diverses et variées (gîtes d'étape, refuges, hôtels, chambres d'hôtes ou chez l'habitant, campings, etc.). Pour les gîtes d'étape et refuges, renseignez-vous auprès du gérant pour savoir s'il faut emporter son sac ou son drap de couchage. La réservation est vivement recommandée (des arrhes pourront vous être demandées).
La liste présentée se veut exhaustive, sans jugement sur la qualité de l'accueil et le confort.
Certains de ces établissements peuvent être labellisés (*Gîtes de France, Gîtes Panda, Rando Plume, Rando Etapes, Rand'hôtel, Balad'hôtel, Logis de France, etc.*).

■ Se restaurer

Un bon petit-déjeuner pour commencer la journée, un bon dîner le soir à l'étape : c'est cela aussi la randonnée.
Là encore, les formules sont variées (repas au gîte, à l'hôtel, tables d'hôtes, restaurants, fermes-auberges, etc.).
Dans certains gîte d'étape, on peut préparer soi-même son dîner et petit-déjeuner. Renseignez-vous auprès des propriétaires. Un forfait demi-pension est souvent proposé (nuit, dîner, petit-déjeuner).

Représentation de coquilles dans l'église de Lagraulet, Gers. *Photo M. Wasielewski.*

■ Hôtels, chambres d'hôtes, campings

Les guides des campings, des hôtels-restaurants et des chambres d'hôtes peuvent être adressés (sur demande) par les Comités départementaux du tourisme (voir Adresses utiles, p. 15).

■ Liste des hébergements

Pour faciliter la lecture, les hébergements sont cités dans le sens du parcours.

Sur le GR® 65 ou à proximité

• Moissac (82200)
Gîte d'étape du Carmel, Centre international d'accueil et de séjour de Moissac, 66 places, restauration, tél. 05 63 04 62 21.

• Saint-Vincent-Lespinasse (82400)
Gîte de groupe Au grenier du Levant, tél. 05 63 29 07 14.

• Auvillar (82340)
Gîte d'étape, 14 places, s'adresser à la mairie, tél. 05 63 39 57 33.
Hôtel-restaurant de l'Horloge, tél. 05 63 39 91 61.

• Saint-Antoine (32340)
24 places, Mme Dupont, repas sur réservation, tél. 05 62 28 64 27.

• Ferme Biran (Miradoux 32340)
Camping à la ferme et gîte rural 4 personnes (sur réservation), Mme Laville, tél. 05 62 28 64 65.

• Ferme Barachin, Camping à la ferme, M. Esparbes, tél. 05 62 68 84 57.

• Lectoure (32700)
Gîte d'étape, 18 places, chambres (1, 2, 3 lits), Office du Tourisme, tél. 05 62 68 76 98.

• La Romieu (32480)
Gîte municipal, 17 places, réservation (9 h à 12h), tél. 05 62 28 15 72.
Chalets bungalows
Camp de Florence, tél. 05 62 28 15 58.

• Condom (32100)
Gîte municipal, 16 places, ancien lycée Salvandy, tél. 05 62 28 23 80.

• Séviac (32250 Montréal)
Villa gallo-romaine de Séviac, 14 places, réservation, tél. 05 62 29 48 57 ou 05 62 29 48 43.

• Eauze (32800)
13 places, Office du tourisme, réservation, tél. 05 62 09 85 62.

• Sauboires (32370 Manciet)
Foyer rural, gîte d'étape, 10 places, réservation, tél. 05 62 08 52.

• Nogaro (32110)
Gîte municipal, 18 places, chambres (2 lits), réservation, tél. 05 62 69 06 15.

• Aire-sur-l'Adour (40800)
Chambres d'hôtes, Mme Porte, Crabot, tél. 05 58 71 91 73. Centre de loisirs, 71 places, selon disponibilités et sur réservation, fermé le week-end sauf réservation de groupe.

• Miramont-Sensacq (40320)
Hôtel Beaumont, fermé le lundi, tél. 05 58 79 90 65. Point d'accueil jeunes, 7 places,

tél. (mairie) 05 58 79 91 23.
Commerces fermés le lundi.

• Arzacq (64410)
Centre d'accueil et d'hébergement municipal, place du Marcadieu, 74 places, tél. 05 59 04 41 41 ou 05 59 04 54 72.

• Garos (64410) (hors GR)
Abri au foyer rural (sanitaire et cuisine), s'adresser à M. Capdeviolle (face à l'église), tél. 05 59 81 64 41.

• Uzan (64370)
Abri au foyer rural (sanitaire et cuisine), mairie, tél. 05 59 81 69 26.

• Pomps (64370)
Hébergement sommaire, salle municipale de sports, s'adresser à M. Sainte-Cluque, tél. 05 59 81 65 12.

• Arthez-de-Béarn (64370)
Maison des pèlerins, 20 places, mairie, tél. 05 59 67 70 52.

• Maslacq (64300)
Gîte de pèlerins, 4 places, s'adresser à la mairie (9 h-18 h), tél. 05 59 67 60 79.

• Sauvelade (64150)
Gîte municipal à l'ancienne abbaye,19 places, s'adresser à la mairie, tél. 05 59 67 60 59 ou M. Morère, tél. 05 59 67 61 32.

• Navarrenx (64190)
Gîte d'étape communal dans les bâtiments de l'Arsenal, 15 places, cuisine possible, réservation à la mairie, tél. 05 59 66 10 22. Pour les clés, s'adresser au Bar du Centre (face à la mairie), à M. Lasarroques.

• Lichos (64130)
Gîte privé, fermé en juillet et août, Mme Grohare, tél. 05 59 28 81 78.

• Aroue (64120)
Gîte : accueil à la ferme Bohoteguya, 22 places, randonneurs équestres acceptés,

Mme Barneix, tél. 05 59 65 85 69
Gîte d'étape communal, 6 places, cuisine, s'adresser à Mme Camadro, tél. 05 59 65 60 16. Mairie : 05 59 65 91 34.

• Saint-Palais (64120)
20 places en 1/2 pension ou pension complète, Maison franciscaine Zabalik, dortoir et chambres, s'adresser au couvent, 1, avenue de Gibraltar, Donapalau,
tél. 05 59 65 71 37.

• Ostabat-Asme (64120)
Gîte d'étape Randonnées Pyrénéennes, maison Ospitalia, 18 places, gérant M. Etcheparreborde, tél. 05 59 37 83 17. Chambres d'hôtes, 20 places, ferme Gaineko-Etchea, Mme Eyharts, tél. 05 59 37 81 10.

• Saint-Jean-Pied-de-Port (64220)
Gîte d'étape, 12 places, chambres d'hôtes, 9, route d'Uhart, Mme Etchegoin, tél. 05 59 37 12 08.
Refuge des Amis de la Vieille Navarre, 16 palces, réservé aux pélerins, 55, rue de la Citadelle. Renseignements : du 1er mai au 1er novembre, accueil pèlerins au 39, rue de la Citadelle, tél. 05 59 37 05 09.
Possibilité d'accueil (hors vacances scolaires) au VVF (Gîte Clair), 17 chemin Curutchamendi, tél. 05 59 37 06 90, fax. 05 59 37 35 45.
Hôtel des Remparts, 14 chambres de 2, petit prix, Mme Olçomendy, tél. 05 59 37 13 79.
Maison hospitalière, Les Donats, 40, rue de la Citadelle, 15 places, tél. 05 59 37 15 64.

• Huntto (64220 Saint-Michel)
Gîte, chambre et table d'hôtes, 18 places, repas sur commande, Mme Paris-Ourtiague, Quartier Huntto, Ferme Ithurburia (route Napoléon), tél. 05 59 37 11 17.

Malgré nos vérifications, des oublis ou erreurs ont pu se glisser, notamment dans la liste d'hébergements. De nouveaux établissements ont pu s'ouvrir, d'autres fermer, des numéros de téléphone ont pu changer, depuis l'édition de ce topo-guide. Merci de nous le signaler ; nous en tiendrons compte dans la prochaine édition.

distance en km	LOCALITÉS	Pages	Gîte d'étape	Hôtel	Chambre d'hôte	Camping	Ravitaillement	Restaurant	Cafés	Car	Gare
	MOISSAC · GR 65	29	•	•		•	•	•	•	•	•
7,5	BOUDOU	29								•	
4,5	MALAUSE	33					•	•	•	•	•
8,5	AUVILLAR	33	•	•			•	•	•	•	
8	SAINT-ANTOINE	35	•								
8,5	MIRADOUX	35				•	•	•			
15	LECTOURE	45	•	•			•	•	•	•	
19	LA ROMIEU	51	•			•	•	•	•		
16	CONDOM	53	•	•		•	•	•	•	•	
17	MONTRÉAL-DU-GERS	61					•	•			
2	SÉVIAC (hors GR)	61	•								
18	EAUZE	63	•	•		•	•	•		•	
8	SAUBOIRES (hors GR)	67		•							
5	MANCIET	67		•			•	•		•	
9	NOGARO	71	•	•		•	•	•		•	
27	BARCELONNE-DU-GERS (hors GR)	75		•		•	•	•			
5	AIRE-SUR-L'ADOUR (hors GR)	75	•	•		•	•	•	•	•	
19,5	MIRAMONT-SENSACQ	79		•	•		•	•			
14	ARZACQ-ARRAZIGUET	85	•	•			•	•		•	
19,5	POMPS	87	•				•		•		
9	ARTHEZ-DE-BÉARN	91	•			•	•	•	•	•	
9,5	MASLACQ	97	•	•			•	•		•	
8	SAUVELADE	97	•								
12	NAVARRENX	99	•	•		•	•	•	•	•	
18,5	AROUE (hors GR)	107	•								
	SAINT-PALAIS (hors GR)	109	•	•		•	•	•	•	•	
22	OSTABAT-ASME	109	•		•		•	•	•		
3,5	CARREFOUR DE LARCEVEAU	113		•			•	•			
13	SAINT-JEAN-LE-VIEUX	117		•		•	•	•	•	•	
4	SAINT-JEAN-PIED-DE-PORT	119	•	•	•	•	•	•	•	•	•
4,5	HUNTTO	123	•		•						

Légende :

- 🏠 Gîte d'étape
- 🏨 Hôtel
- ⌂ Halte randonneurs*
- 🛏 Chambre d'hôte
- ⛺ Camping
- 🛒 Ravitaillement
- 🍴 Restaurant
- ☕ Cafés
- 🚌 Car
- 🚉 Gare
- ℹ OT/SI *

* ne figurent que dans le descriptif.

S'équiper et s'alimenter pendant la randonnée

■ S'équiper pour une randonnée

Pour partir à pied plusieurs jours dans la nature, mieux vaut emporter un minimum d'équipement :

– des vêtements de randonnée adaptés à tous les temps (vent, froid, orage, pluie, neige, chaleur, etc.) ;

– des chaussures de marche adaptées au terrain et à vos pieds ;

– un sac à dos ;

– un sac et un drap de couchage pour certains gîtes d'étape ou refuges qui ne fournissent pas le nécessaire ou si vous campez. N'oubliez pas de demander lors de votre réservation.

– des accessoires indispensables (gourde, couteau, pharmacie, lampe de poche, boussole, grand sac poubelle pour protéger le sac à dos, chapeau, bonnet, gants, lunettes de soleil et crème solaire, papier toilette et couverture de survie).

Plus votre sac sera léger, plus votre randonnée sera agréable.

Dans le commerce, vous n'aurez que l'embarras du choix pour vous équiper. Demandez conseil à un vendeur.

■ S'alimenter pendant la randonnée

Pensez à vous munir d'aliments énergétiques riches en protéines, glucides et fructose, tels que des barres de céréales, pâtes de fruits, fruits secs. Le chocolat est également un bon aliment énergétique, mais il présente l'inconvénient de fondre à l'intérieur du sac.
Pensez aussi à boire abondamment, mais attention à ne pas prendre n'importe quelle eau en milieu naturel. Munissez-vous dans ce cas de pastilles purificatrices.

Retrouvez la FFRP sur internet
www.ffrp.asso.fr

● Pour connaître toute l'actualité de la randonnée.

● Pour découvrir les derniers topo-guides parus.

● Pour trouver une formation à la randonnée ou une association de randonneurs avec qui partir sur les sentiers.

Adresses utiles

■ Randonnée

• Centre d'information Sentiers et randonnée, 14 rue Riquet, 75019 Paris, tél. 01 44 89 93 93.
• Comité régional FFRP Midi-Pyrénées, Immeuble GDF, 16, rue Sébastopol, BP 394, 31007 Toulouse Cedex 6, tél. 05 34 45 80 20.
• Comité départemental de la randonnée pédestre du Tarn-et-Garonne, 1, rue de l'Abbaye, 82200 Moissac.
• Comité départemental de la randonnée pédestre du Gers, place de la mairie, 32700 Lectoure, tél. 05 62 68 94 51.
• Comité départemental de la randonnée pédestre des Landes, Mairie, 40180 Narosse.
• Comité régional Aquitaine de la randonnée pédestre, M. Etienne Huc, Estienne, 47300 Pujols.
• Comité départemental de la randonnée pédestre des Pyrénées-Atlantiques, place de la Pastorale, 64570 Lanne-en-Barétous, tél. 05 59 34 62 78.

■ Comités départementaux du tourisme

• Comité régional du tourisme Midi-Pyrénées, 54, boulevard de l'Embouchure, BP 2166, 31022 Toulouse, tél. 05 61 13 55 48.
• Comité départemental du tourisme du Tarn-et-Garonne, 7, boulevard midi-Pyrénées, 82000 Montauban, tél. 05 63 63 31 40.
• Comité départemental du tourisme du Gers, 3, boulevard Roquelaure, BP 106, 32002 Auch cedex, tél. 05 62 05 95 95.
• Comité départemental du tourisme des Landes, 4, rue Aristide Briand, BP 407, 40012 Mont-de-Marsan cedex, tél. 05 58 06 89 89.
• Agence touristique du Béarn, 22 ter, rue Jean-Jacques-de-Monaix, 64000 Pau, tél. 05 59 30 01 30.
• Agence Tourisme du Pays Basque, 4, allée des Platanes, Caserne de la Nive,

BP 111, 64108 Bayonne cedex, tél. 05 59 46 52 52.

■ Offices de tourisme et Syndicats d'initiative

• Union départementale des Offices de tourisme et Syndicats d'intiative du Tarn-et-Garonne, 82000 Montauban, tél. 05 63 20 01 15.
• Office du tourisme, 82200 Moissac, tél. 05 63 04 01 85.
• Office du tourisme, 82400 Valence-d'Agen, tél. 05 63 39 61 67.
• Office du tourisme, 32700 Lectoure, tél. 05 62 68 76 98.
• Office du tourisme, 32480 La Romieu, tél. 05 62 28 86 33.
• Office du tourisme, 32100 Condom, tél. 05 62 28 00 80.
• Office du tourisme, 32250 Montréal, tél. 05 62 29 42 85.
• Office du tourisme, 32800 Eauze, tél. 05 62 09 85 62.
• Office du tourisme, 32110 Nogaro, tél. 05 62 09 13 30.
• Office du tourisme, BP 155, 40800 Aire-sur-l'Adour, tél. 05 58 71 64 70.
• Syndicat d'intiative, place du Marcadieu, 64410 Arzacq-Arraziguet, tél. 05 59 04 59 24.
• Syndicat d'intiative, porte Saint-Antoine, 64190 Navarrenx, tél. 05 59 66 14 93 et 05 59 66 10 22.
• Syndicat d'intiative, place de l'Hôtel-de-Ville, 64120 Saint-Palais, tél. 05 59 65 71 78.
• Syndicat d'intiative, 14, place Charles-de-Gaulle, 64220 Saint-Jean-Pied-de-Port, tél. 05 59 37 03 57.

■ Autres adresses

• Société des Amis de Saint-Jacques, BP 368.16, 75768 Paris Cedex 16
• Association Compostelle 2000, 54, rue Ducouëdic, 75014 Paris, tél. 01 43 20 71 66

• Association de Coopération interrégionale Les Chemins de Saint-Jacques, 42, rue des Saules, 31400 Toulouse, tél. 05 61 25 57 31.
• Amis du Chemin de Saint-Jacques des Pyrénées-Atlantiques, BP 195, 64204 Biarritz, accueil et information du 1er Mai au 10 Octobre, 39 rue de la Citadelle, 64220 Saint-Jean-Pied-de-Port, tél. 05 59 37 05 09.
• Los Caminos Moissagues, Place Rendu de Bredon, 82200 Moissac
• Les Amis de Saint-Jacques dans le Gers, la Salasse, 32700 Lectoure, tel. 05 62 68 79 29.
• Société landaise des Amis de Saint-Jacques, Lassalle, 40260 Taller, tel. 05 58 55 00 98
• Service Loisirs-Accueil Tarn-et-Garonne et relais départemental des gîtes ruraux, Hôtel des Intendants, place du Maréchal-Foch, 82000 Montauban, tél. 05 63 63 31 40.
• Relais départemental des gîtes ruraux des Landes, BP 279, 40005 Mont-de-Marsan Cedex, tél. 05 58 46 10 45.

Bibliographie, cartographie

■ Ouvrages sur le pèlerinage de Saint-Jacques

– Barret et Gurgand, *Priez pour nous à Compostelle*, éd. Hachette

– Bottineau Y., *Les Chemins de Saint-Jacques*, éd. Arthaud, 1993

– Bourdarias (J.) et Wasielewski (M.), *Guide des Chemins de Compostelle*, éd. Fayard

– Laborde-Balen (L.) et Day (R.), *Le Chemin de Saint-Jacques en Espagne*

– Loubès (Abbé), *Les Chemins de Saint-Jacques dans le Gers,* Office de tourisme de Lectoure

– Oursel R., *Pèlerins du Moyen Age*, éd. Fayard, 1989

– Urrutibéhéty Cl., *Pèlerins de Saint-Jacques, la traversée du Pays basque*, Rando Editions

■ Ouvrages géographiques et historiques sur la région

– Guides Verts, *Pyrénées Aquitaine*, Côte basque, éd. Michelin

– Guides Bleu Midi-Pyrénées et Aquitaine, éd. Hachette

– Pyrénées romanes, *La Nuit des Temps*, éd. du Zodiaque

■ Autres ouvrages

– *Gîtes et refuges*, A. et S. Mouraret, Rando Editions.

■ Cartographie

Cartes IGN au 1 : 25 000 n° 1940 E, 1941 E et O, 1841 E et O, 1741 E, 1742 O, 1642 E, 1643 E et O, 1543 E, 1544 E et O, 1545 O, 1445 E et O, 1345 OT, 1346 OT et ET.
Cartes IGN au 1 : 100 000 n° 62, 63 et 69.
Cartes Michelin au 1 : 200 000 n° 234 et 235.

Saint-Antoine. *Photo CDT Gers.*

Les Chemins de Saint-Jacques-de-Compostelle en France sont classés par l'UNESCO au Patrimoine Mondial de l'Humanité.

Grâce à l'initiative prise, dès 1995, par la FFRP et ses partenaires, la « Société des Amis de Saint-Jacques » et « l'Association Interrégionale les chemins de Saint-Jacques », puis relayée par le ministère de la Culture sous l'égide de l'Etat français :

les Chemins de Saint-Jacques-de-Compostelle en France sont classés par l'UNESCO au Patrimoine Mondial de l'Humanité.

Cette éminente distinction réjouira tous ceux qui, avec la FFRP, et grâce au soutien de la Fondation d'entreprise Gaz de France, contribuent à la résurgence des principaux itinéraires de Saint-Jacques de Compostelle, permettant ainsi aux randonneurs-pèlerins d'aujourd'hui de reprendre, au plus près de la réalité historique, les cheminements de ceux dont le flot a, pendant mille ans, irrigué une grande partie de l'Europe.

La FFRP remercie tous les artisans de ce succès qui touchera le coeur de chaque Français, notamment à l'occasion de l'année jacquaire.

Maurice BRUZEK
Président de la FFRP

Réalisation

Dans le Tarn-et-Garonne, le GR® 65 a été créé par M. Lucas. Il est entretenu par le Comité départemental de la randonnée pédestre.

Le tronçon gersois a été reconnu et ouvert par les Syndicats d'initiative des villes traversées. Les maires, les syndicats intercommunaux, le Comité des Etudes compostellanes, le Comité départemental du tourisme et des loisirs ont apporté leur support technique. Le Comité départemental de la randonnée, grâce à l'aide financière du Conseil général du Gers, assure l'entretien du sentier.

Dans les Landes, l'itinéraire a été créé à l'initiative de la Chambre d'agriculture (service du tourisme), représentée par M. Darrieulat, de l'Association des Amis de Saint-Jacques des Landes. Il est balisé par le Comité départemental de la FFRP, avec l'aide financière du Conseil général des Landes.

Dans les Pyrénées-Atlantiques, l'itinéraire a été réalisé par MM. Etchepare, Jacquelin, Larané, Orcel, Renaud et remis à jour par Mmes Hiriart et Renaud, MM. Cadayé, Chevalier, Daubas, Rob Day et Laborde-Balen. Il est entretenu par les baliseurs du Comité départemental de la FFRP, avec l'aide du Conseil général (maître d'ouvrage) et l'association Randonnées Pyrénéennes, qui ont signé une convention tripartite, dans le cadre du schéma départemental de la randonnée.

Les renseignements pour la mise à jour de cette édition ont été fournis par M. Nègre, président de la Commission Sentiers du Tarn-et-Garonne, Courtès et Caillau, du Comité départemental de la randonnée du Gers, Cherruault, de la Commission Sentiers des Landes et par le Comité départemental de la randonnée des Pyrénées-Atlantiques (A. Berrotte, Ch. De Faveri).

Les textes historiques ont été rédigés par M. Gérard Jugnot et les textes de découverte ont été rédigés par Mme Sophie Martineau et Mme Arlette Moreau.

Les Chemins de St-Jacques-de-Compostelle en France

Cheminements pédestres existants
Cheminements pédestres en projet
Principaux Chemins historiques

© FFRP - Reproduction interdite

Carte des chemins de Compostelle datant de 1648. *Photo Dagli-Orti.*

« Tout est carrefour »
(*Dr Clément Urrutibehety,* 3 août 1969)

Le 3 août 1969, quatre pèlerins motorisés (car, il y a trente ans, les « farfelus » qui prenaient à pied le chemin de Saint-Jacques se comptaient sur les doigts de la main) se présentaient chez le docteur Clément Urrutibehety, à Saint-Palais. Ce praticien était, en effet, déjà, le spécialiste des chemins de Compostelle dans la région basco-navarraise. Quatre ans auparavant, à l'occasion de l'année jubilaire 1965, il avait fait marquer d'une stèle discoïdale basque le carrefour dit de Gibraltar, au flanc du mont Saint-Sauveur, à peu de distance de Saint-Palais. Ce carrefour était, selon lui, le point de convergence des chemins de Tours, de Vézelay et du Puy ; Ostabat étant non pas, contrairement à ce que laisse entendre le *Guide du pèlerin*, le carrefour, mais la première étape commune.

A ces visiteurs qui lui demandaient des indications pour se rendre à Gibraltar et voir le fameux carrefour, il fit cette réponse déconcertante : « mais ici, tout est carrefour ». La belle assurance de la « bande des quatre » était anéantie. Il n'y avait donc pas trois chemins, bien identifiés sur le terrain, convergeant en un seul et unique point, pour se fondre en un seul chemin dit « navarrais » afin de traverser les Pyrénées et d'atteindre l'autre carrefour, celui de Puente la Reina-où, confondu avec le « chemin aragonais », il formerait, jusqu'à Compostelle, le *camino francés*.

Pourtant, le médecin-historien disait vrai ! La Basse-Navarre est, en effet, la région où

jacquaires

convergent toutes les voies jacquaires venues du nord ou du nord-est pour franchir les Pyrénées au col de Roncevaux. Et il serait parfaitement illusoire d'imaginer ces voies comme parfaitement déterminées, et de croire que les pèlerins ne se dispersaient pas dans les vallées et collines pré-pyrénéénnes avant d'attaquer l'ascension de la montagne au sortir de Saint-Jean-Pied-de-Port.

Gibraltar peut être le carrefour principal où se rencontrent une bretelle de la route de Tours (venant de Dax par Cagnotte, Sorde, Ordios, Arancou), la route de Vézelay qui s'est identifiée au chemin

Plaque indiquant le chemin de Saint-Jacques à Saint-Jean-Pied-de-Port. *Photo G. Massicard/Zapa.*

Stèle discoïdale basque marquant le carrefour de Gibraltar, près de Saint-Palais. *Photo M. Wasielewski.*

romiu depuis Orthez et est passée par Osserain, Sussaute et Saint-Palais, et la route du Puy venant d'Arthez par Lagor, Sauvelade, Navarrenx, Aroue, et le gué de Quinquil en suivant le *Jacobe bidia* (« chemin de Saint-Jacques » en basque).

Mais il ne faut pas perdre de vue toutes les variantes possibles de ces trois chemins : le chemin de Tours pouvait atteindre directement Ostabat depuis Garris, celui de Vézelay pouvait se détacher du chemin *Romiu* (confondu avec le deuxième chemin vicomtal du Béarn) vers Sussaute pour rejoindre le *Jacobe bidia*, celui du Puy, après avoir franchi le Saison pouvait gagner Ostabat par Aïnharp et Pagolle.

Mais, plus loin, Saint-Jean-Pied-de-Port est, et serait aussi un carrefour...

Les collines de Basse-Navarre sont sillonnées par des sentiers qui ont tous, peu ou prou, été empruntés par les pèlerins de Saint-Jacques sur le « bon » chemin.

La Gascogne, une mosaïque de territoires

Les vergers du Tarn-et-Garonne..
Photo Chambre d'Agriculture du Tarn-et-Garonne..

S'il fallait trouver une unité géographique au dernier tronçon de la via Podiensis, alors la grande Gascogne, aujourd'hui morcelée entre quatre départements et deux régions, constituerait la réponse la plus judicieuse. Il faudrait toutefois lui adjoindre une incursion finale en Pays basque, trait d'union avec la continuation espagnole. Ce qui ne doit pas masquer l'extrême diversité des territoires traversés.

La Lomagne ou Gascogne bossue
Au sud de Moissac, notre chemin s'engage en verte Lomagne, région naturelle aux contours un peu flous. A cheval sur le Tarn-et-Garonne et le Gers, cette ancienne dépendance du duché de

Gascogne est le pays de l'ail blanc, des bastides et des églises romanes. Posée sur un socle calcaire argileux très fertile rehaussé de boulbènes (terre légère et silicieuse), la Lomagne est appelée aussi « Gascogne bossue » pour le doux moutonnement de ses collines à la fois arrondies et escarpées, dont les pentes se tapissent de chênes et de châtaigniers.

Traversée d'une multitude de rivières, la région tire une partie de son charme de ses affleurements calcaires épars sur lesquels les hommes ont érigé des sites fortifiés dominant la plaine. Malgré la nature « gluante » des sols rendant l'exploitation difficile, les coteaux de Lomagne sont essentiellement agricoles,

de la région

Vue générale sur Auvillar et la Lomagne. *Photo J. Thomas/Zapa.*

La halle d'Auvillar.
Photo M. Wasielewski.

partagés entre les céréales et les cultures plus spécialisées comme le melon, l'ail ou les graines de semence.

Le Gers, de grands espaces veinés de lignes de crêtes

L'entrée en terre gersoise se fait presque clandestinement, c'est à peine si l'on s'en rend compte. Jamais monotone, le paysage s'étire en une succession de collines, fines lanières aux tranquilles ondulations découpées irrégulièrement par un faisceau de rivières qui divergent en éventail du sud vers le nord-est et creusent de larges vallées. Dépassant rarement 400 m, les coteaux se muent en petites montagnes sillonnées de chemins raides

Champs de tournesol dans le Gers.
Photo A. Kumurdjian/Zapa.

et tortueux et marquées d'une originale dissymétrie : un versant en pente douce et l'autre particulièrement abrupt. D'emblée séduisante et conviviale, la région évoque la douceur de vivre avec son florilège de petites bourgades. Ouverte à la fois sur l'Aquitaine et le Midi-Pyrénées, elle bénéficie en outre d'un climat rarement rigoureux. Le ciel changeant offre tour à tour toutes les nuances de gris, laissant régulièrement passer de grandes écharpes bleu azur. Ici, l'arrière-saison se prolonge loin dans l'hiver et les chutes de neige n'y font que de brèves apparitions. Façonnés dans la molasse, les sols argilo-calcaires accueillent quelques cultures partagées entre vignes et champs de maïs, tandis que les landes, les bois, les taillis occupent une grande partie de l'espace. Au fil des chemins blancs et des sentiers de traverse, se dévoilent maints châteaux

Champs d'ail, dans la région de Lectoure.
Photo D. Lelann/Zapa.

Le tursan landais, région de culture et d'élevage.
Photo R. Rosenthal/Zapa.

et édifices religieux. L'étape gersoise débute par le Haut-Armagnac ou Armagnac blanc (Lectoure) qui tire son nom de ses affleurements calcaires, par opposition à l'Armagnac noir ou Bas-Armagnac (Eauze) au sud, où dominent d'épais bois de chêne noir qui s'étirent jusqu'au département des Landes. Doucement vallonnée, la Ténarèze (Condom) sert de transition entre les deux et alterne bois et vignes de chaque côté de la Baïse. C'est dans le Bas-Armagnac que sont produits les plus grands armagnacs, et plus particulièrement entre Eauze et Nogaro.

Les Landes, un air de campagne
Passé Nogaro, la transition entre terre gersoise et marges landaises se devine à peine. En effet, malgré l'entrée dans les Landes, le décor reste délibérément agricole, distribué entre collines, vignes, champs enclos et polyculture. Mais, peu à peu, le chemin semble se fondre dans la forêt qui se fait de plus en plus présente. Doucement, les pins maritimes viennent se substituer aux chênes et aux châtaigniers. Conjugués à l'horizontalité ambiante et au tracé rectiligne des chemins, ils esquissent les Landes telles que l'imagination les anticipait. Après le Bas-Armagnac, le chemin s'engage à travers le Tursan

landais, région de culture et d'élevage drainée par un important réseau hydrographique. Hautes plaines et riants coteaux découpés en prés et carrés de vigne s'étalent vers le sud-est jusqu'en Bigorre, annonçant le Piémont pyrénéen.

Le Béarn, un immense tapis verdoyant
Très vite, une nouvelle frontière départementale se présente avec l'entrée en Pyrénées-Atlantiques. Si « montagne » rime bien souvent avec rocaille et aridité, ici tout semble noyé de fraîcheur verdoyante. Au passage de la crête séparant le Luy de France du Luy de Béarn, commence le Béarn. Dessinant presque la forme d'un cœur dont la pointe s'appuierait sur les Pyrénées, le Béarn offre un relief morcelé aux contours incertains. Le GR® 65 aborde le plus vaste des états pyrénéens par

Troupeau en Pays basque.
Photo F. Ducasse/Zapa.

sa face septentrionale où le vert luxuriant du décor s'éclaire d'une luminosité différente, soufflée par les chaleurs estivales du Gers voisin. En quelques instants, le paysage peut prendre toutes les nuances de la palette, du pastel à l'indigo, en passant par l'émeraude et le safran. Tout proche de l'Atlantique, le Béarn baigne dans un climat océanique doux et indéniablement humide,

Le chemin de Saint-Jacques vers Ostabat. *Photo E. Follet.*

mais bénéficie d'un ensoleillement apte
à pulvériser les records européens.
La petite région du Saubestre ondule
en collines argileuses trapues, conjuguant
ses reliefs, sa terre, ses pins et ses cyprès
pour se donner des airs de Toscane.
Une multitude de rivières descendues
des Pyrénées s'infléchissent vers l'ouest,
modelant de longues crêtes longitudinales
et dissymétriques qui s'incurvent du
sud-est au nord-ouest. Le versant
océanique est escarpé et boisé, tandis que
sur le côté est s'étire une longue croupe
plantée de cultures, vignes et arbres
fruitiers. Sur les crêtes, se déploient les
landes avec leurs « touyas » de fougères,
de genêts et de bruyère, côtoyant l'herbe
et la vigne. Dans la plaine, le maïs est roi
et les parcelles s'entourent de
boqueteaux de chênes et de hêtres.
Après le gave de Pau, que souligne
la « saligue », un ruban végétal où domine
le saule, le chemin se glisse entre forêts

béarnaises et rondeurs collinaires
du Pays basque. Puis le Saison établit
définitivement la frontière entre Béarn
et Pays basque qui impose fièrement
ses montagnes soudain si proches.

Le Pays basque, un séduisant désordre

En lisière des Pyrénées, le Pays Basque
offre sa mosaïque complexe de monts
et collines, doux imbroglio de crêtes
orientées dans toutes les directions,
arrosées d'un réseau hydrographique
particulièrement tourmenté. Pics
et terrasses succèdent aux gorges
vertigineuses et aux vallons aux contours
indécis. Au Midi, la montagne se redresse
et s'abîme en escarpements marqués.
Les fortes pentes s'habillent de pierrailles
et d'éboulis entre lesquels chênes tauzins,
bruyères, alisiers et arbousiers se fraient
une place au soleil. Ailleurs, les champs
de maïs succèdent aux prés et cette

alternance se répète à l'infini. Dans ce pays au relief fantasque et aux limites insaisissables, la frontière franco-espagnole se cherche, musarde, et l'on ne sait pas toujours en quel territoire on se trouve. Chemin faisant, la Basse-Navarre déroule ses terroirs variés et ses reliefs enchevêtrés et boisés que drainent la Nive et la Bidouze. Demi-département, le Pays Basque appartient déjà pleinement au Midi atlantique à la nuance près que l'humidité ambiante donne à la luminosité cet éclat irrisé si particulier. Toutefois, les sommets ont ici une étonnante capacité à capturer les masses nuageuses venues de l'océan et l'on essuie plus qu'ailleurs de mémorables averses et orages survenus sans crier gare. Si l'été s'accompagne de grandes parenthèses pluvieuses, l'hiver reste doux et le printemps précoce.

Avant Saint-Jean-Pied-de-Port, la croix de Galzétaburu marque l'entrée en pays de Cize. Ralliant les nives ou gaves, c'est une verdoyante cuvette cernée de croupes plus ou moins élevées, vertigineuses vers le sud, arrondies vers le nord. Les longues vallées associent les forêts, les parcelles cultivées et les prairies, jalonnées d'étranges refuges défensifs, enceintes et redoutes aux origines très anciennes.

Économie

Longtemps restée à l'écart de la frénésie moderne, la Gascogne dispose d'atouts qui peuvent s'avérer de faux amis. Sans ville importante ni tissu industriel solide, la région est touchée par un grave dépeuplement. Ainsi, le Gers s'inscrit parmi les départements vivant essentiellement de polyculture vivrière dominée par la vigne, l'élevage bovin ou de volailles. En Pays basque, les régions d'altitude accusent des conditions de vie précaires et le recul démographique se poursuit. Riche de son gaz naturel, le Béarn occupe une place à part. Il s'est doté d'un secteur industriel dynamique et diversifié, mais ses ressources ne sont pas inépuisables. Fortes de leur patrimoine naturel et architectural et d'une qualité de vie devenue rare, ces terres de tradition disposent cependant d'un potentiel qui devrait leur permettre d'asseoir leur développement futur.

De nombreuses croix jalonnent le chemin de Saint-Jacques. *Photo F. Ducasse/Zapa.*

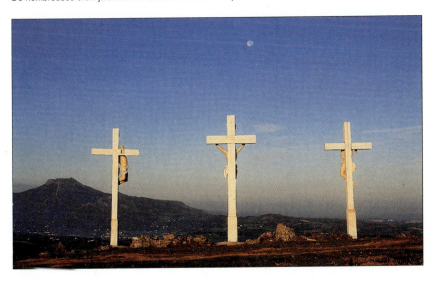

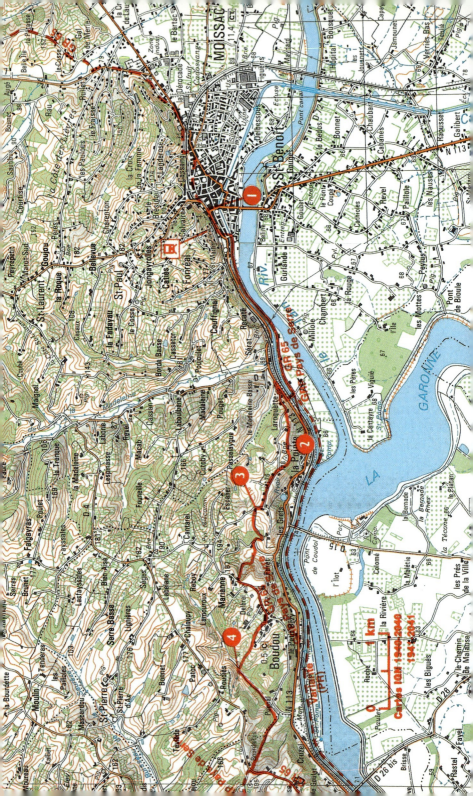

Le sentier GR® 65
de Moissac à Roncevaux

De **Moissac** à **l'écluse de l'Espagnette** `3 km` `40 mn`

A Moissac :

> Hors GR pour l'**île de Bidounet** `I km` `15 mn`
>
>
>
> Franchir le Tarn par la N 113 (*voir tracé en tirets sur la carte*).

1 En partant du parvis de l'abbatiale de **Moissac** (face au tympan), prendre à gauche les allées Marengo et, dans le prolongement, l'avenue Pierre-Chabrié. Poursuivre jusqu'à la gare, puis emprunter à gauche la rampe qui descend, traverser la N 113, franchir le pont sur le canal latéral à la Garonne, suivre la rive gauche sur le chemin de halage du canal jusqu'à l'**écluse de l'Espagnette**.

De **l'écluse de l'Espagnette** à **Boudou** `4,5 km` `1 h 20`

A Boudou : 🚌

> ### Variante pour le pont de Malause `7,5 km` `1 h42`
>
> *A Malause :* 🍽️🛒✂️🚌🚉
>
> Continuer le chemin de halage du canal en rive gauche (*tracé en tirets sur la carte*).

2 Franchir l'**écluse de l'Espagnette**, emprunter la N 113 sur 100 m, puis prendre à gauche la côte de Larroquette sur 300 m. S'engager à gauche sur un chemin de terre, puis à droite, à travers vignes et vergers (*respecter les récoltes*). Déboucher sur la route de crête (*panorama sur le lac du confluent du Tarn et de la Garonne*). Tourner d'abord à droite puis à gauche.

3 Après la maison, tourner à gauche ; le chemin descend au milieu d'un pré et de friches. Prendre la route à gauche sur 50 m, puis tourner à droite pour remonter le coteau (*pente raide*). Déboucher sur une route, l'emprunter à gauche et gagner **Boudou**.

▶ Hors GR à 5 mn : point de vue sur le confluent du Tarn et de la Garonne et le piémont pyrénéen (*table d'orientation*).

Moissac, halte majeure sur la via Podiensis. *Photo J. Thomas/Zapa.*

Une des rares étapes signalées par Aimery Picaud dans son *Guide du pèlerin*, Moissac, sur la voie du Puy-en-Velay, est toujours une halte majeure sur la route de Compostelle. L'abbaye Saint-Pierre de Moissac abrite des chefs-d'œuvre de l'art roman. Sous le porche de l'église abbatiale, le célèbre tympan du 12e siècle révèle au visiteur une saisissante vision inspirée par le texte de l'Apocalypse : une cour céleste animée mais solennelle, entourant un Christ en majesté de la fin des temps, est figée dans la pierre comme pour l'éternité. Le cloître, dont le décor sculpté est daté de 1100, présente, sur la corbeille de ses chapiteaux, une cinquantaine de scènes évoquant des épisodes bibliques. L'abbatiale Saint-Pierre et le cloître de Moissac sont classés au Patrimoine Mondial par l'UNESCO. Le musée ethnographique expose, dans une salle consacrée au pèlerinage, des coquilles trouvées dans des sépultures moissagaises (sans doute des tombes de pèlerins). Un de ces insignes de jais – sans doute vendus à Compostelle – et un manteau de cheminée portant les attributs jacquaires (gourde, coquille et

Le Tarn et le pont de Moissac.
Photo G. Masicard/Zapa.

bourdon) sont également exposés dans cette salle.

A la Pentecôte, Moissac organise la traditionnelle fête des Marins de son ancien port fluvial. A cette occasion, on plante sur le port un chêne et on bénit les eaux du Tarn.

En juillet et août, on peut assister à des animations musicales gratuites sur le parvis de l'abbatiale tous les samedis ; en soirée, des concerts de musique classique sont donnés dans le cadre prestigieux du cloître et de l'église.

Au pays de l'ail blanc

Les terreforts argilo-calcaires de la Lomagne, riches en humus, sont particulièrement favorables au développement des bulbes de l'ail blanc. Une tête d'ail sur trois consommées en France vient de Lomagne et le Gers est le premier producteur d'ail français. Connu depuis la plus haute Antiquité, l'ail fut rapporté dans le sud-ouest de la France par les Croisés. A l'époque d'Henri IV, les nouveau-nés de Béarn et de Gascogne étaient soumis au rituel de l'ail. Leurs lèvres étaient frottées avec une gousse du condiment bénéfique. Eprouvé comme panacée médicinale, l'ail participe abondamment à la cuisine gasconne. De juillet à janvier, l'ail blanc envahit les marchés de Lomagne : proposé en sacs, en tresses, en bouquets ou en fanes.

A Saint-Clar-de-Lomagne (à 15 km de Lectoure), 50 à 120 tonnes du précieux condiment peuvent être vendues en quelques minutes.

Cordées d'ail blanc de Lomagne.
Photo P. Saillans/Zapa.

Habitat en Lomagne

Dotée d'un habitat dispersé, la Lomagne présente deux types de construction. Au pied des collines, dans les plaines et les vallées, les habitations traditionnelles sont généralement en terre crue, modelée en briques grossières. Les murs sont crépis, intégrant parfois des rangées de galets de rivière. Basses et de plain-pied, ces longues bordes céréalières sont recouvertes d'un immense toit de tuiles canal à faible pente, qui retombe en appentis de chaque côté. A l'origine, une seule porte desservait les pièces d'habitation et la partie contiguë regroupant étables, écuries, fournil et granges.

Là où le calcaire affleure, les maisons sont en belle pierre jaune ou grise, souvent en hauteur. Le toit caractéristique de Lomagne est immense, tapissé de tuiles creuses. Il peut déborder en auvent sur une volée d'arcades garnissant la façade. Souvent, la ferme prend des airs de maison forte et se flanque de deux tourelles symétriques, intégrant à l'occasion un pigeonnier, typique de la région. Dans le village de Flamarens, une ancienne ferme aménagée en écomusée présente plusieurs modèles de demeures locales et permet de s'initier à la vie traditionnelle en terre de Lomagne.

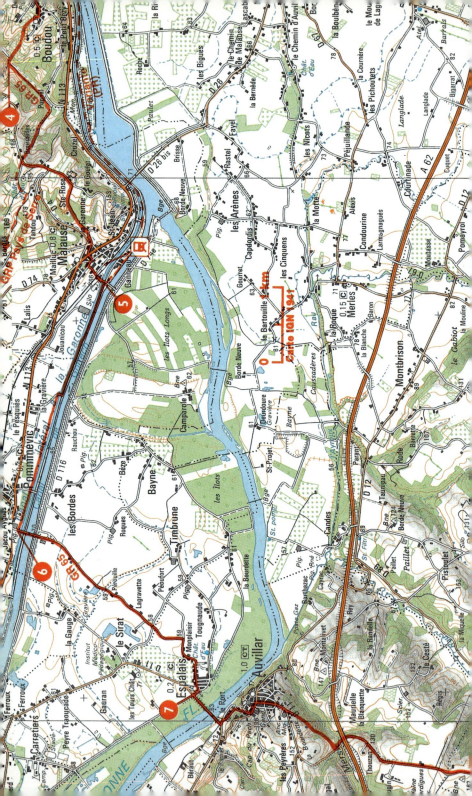

De Boudou à Malause

`4,5 km` `1 h 15`

A Boudou : 🚌
A Malause : ☕ 🛒 ✕ 🚌 🚃

Sur la place de **Boudou**, prendre la direction de l'église, tourner à droite, descendre un chemin entre une haie et un verger sur 600 m, franchir un ponceau.

4 Tourner à gauche et suivre le chemin de la vallée sur 900 m. A la route, tourner à droite, remonter le coteau. Passer à gauche de la maison, emprunter à gauche la route sur 1 km. Après l'église Sainte-Rose, s'engager à droite dans le chemin qui descend à **Malause**.

De Malause au pont de Pommevic

`3,5 km` `50 mn`

▶ En empruntant le chemin à droite de l'église, possibilité de gagner à 2 km, le gîte de groupe du *Grenier du Levant*.

Traverser **Malause** en suivant le balisage jusqu'au pont du canal latéral à la Garonne.

5 Prendre d'abord la rive gauche du canal sur 1,6 km ; puis emprunter la passerelle qui traverse le canal et rejoindre la rive droite. La suivre jusqu'au **pont de Pommevic**.

Du pont de Pommevic à Espalais

`3,5 km` `50 mn`

6 Contourner à droite le **pont de Pommevic**. Suivre le court chemin qui accède à la route, la prendre à droite jusqu'à **Espalais**.

D'Espalais à Auvillar

`1,5 km` `25 mn`

A Auvillar : 🏠 🏛 ☕ 🛒 ✕ ℹ 🚌

7 A la sortie d'**Espalais**, tourner à gauche, franchir le pont sur la Garonne et prendre à gauche la rue qui monte à **Auvillar**.

D'Auvillar à Bardigues

`3,8 km` `50 mn`

Ancienne halle circulaire d'Auvillar, maisons 16e et 18e, église Saint-Pierre, tour de l'Horloge, musée « Viel Auvillar » (faïences anciennes).

De la halle d'**Auvillar**, suivre la rue de l'Horloge en direction de Bardigues. Arrivé sur le plateau des Peyrères, prendre à gauche le chemin qui descend, puis à gauche passer sur le pont de l'autoroute, continuer sur la D 11 jusqu'à **Bardigues**.

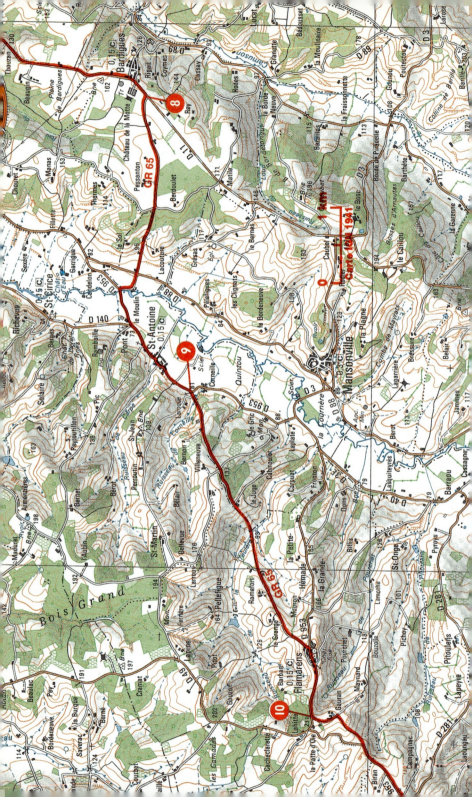

De **Bardigues à la vallée de l'Arrats** | 3,5 km | 45 mn |

Le pittoresque village de Bardigues mérite le détour.

A la sortie de **Bardigues**, continuer la D 11 sur 300 m.

8 Tourner à droite sur une petite route sur 1,5 km. Prendre à gauche le chemin qui atteint la D 88. Continuer en face jusqu'au moulin de la **vallée de l'Arrats**.

De la **vallée de l'Arrats à Saint-Antoine** | 1,5 km | 20 mn |

A Saint-Antoine : 🏠

Longer à droite la rivière de l'**Arrats**, franchir le pont à gauche et gagner par la route **Saint-Antoine**.

De **Saint-Antoine à Flamarens** | 4,5 km | 1 h 15 |

Saint-Antoine tire son nom des religieux Antonins qui avaient établi là un hôpital (actuel château), non loin du pont sur l'Arrats qu'ils surveillaient. L'église possède un portail de style mozarabe ; à l'intérieur, beau reliquaire.

Quitter **Saint-Antoine** en empruntant la D 953 sur 500 m.

9 Prendre à droite la voie communale qui monte pendant 1,5 km (*itinéraire du chemin historique*). Arriver au sommet de la côte (*vue sur Flamarens*). Descendre par le sentier, franchir le petit ruisseau, puis remonter en direction de **Flamarens**.

De **Flamarens à Miradoux** | 4 km | 1 h |

A Miradoux : 🛒 ✕ [i]

Le château de Flamarens, en cours de restauration, domine la campagne de sa fière stature ; c'est le prototype de ces gentilhommières gasconnes qui succédèrent, au 15e siècle, aux rudes châteaux forts du Moyen Age. Flamarens est le titre d'un roman de Pierre Benoît. En saison, visite guidée du village.

Après l'ancienne bascule de **Flamarens**, tourner à gauche, passer devant l'église et le château, descendre le chemin empierré et rejoindre la D 953 ; l'emprunter sur 750 m.

10 Tourner à gauche, suivre la voie communale, passer devant la ferme Gauran. Prendre à droite le sentier herbeux qui descend vers la D 953. La suivre tout droit sur 1 km.

▶ A droite, la ferme Biran : camping à la ferme et gîte rural (*sur réservation*).

Le maïs, céréale gersoise de tradition

C'est au 17e siècle que le maïs en provenance d'Amérique fut importé d'Espagne vers la Gascogne gersoise, et vint remplacer le millet cultivé depuis l'Antiquité. Il a d'ailleurs conservé son appellation gersoise : « milh » ou « milhoc ». Autrefois, on confectionnait pour le carnaval des pâtes au maïs, la « cruchade », dont une partie se consommait en friandise saupoudrée de sucre. Surtout utilisé pour l'alimentation du bétail, il constitue l'une des principales ressources de la région. Neuf fermes gersoises sur dix cultivent du maïs et du blé.

Epis de maïs. *Photo D. Lelann/Zapa.*

Faune de Gascogne

La cistude d'Europe
Le Bas-Armagnac, où abondent mares, étangs, cours d'eau et bras morts, constitue un territoire d'élection pour la cistude, tortue dulcicole (vivant principalement en eau douce) de l'Europe tempérée. Cette tortue des marais est aquatique, mais elle choisit la terre pour venir pondre ses œufs en juin-juillet.

C'est également là qu'elle s'enterre pour hiberner d'octobre à mars.

La genette
Recherchant les zones herbeuses, la genette apprécie la diversité de milieux offerte par le Bas-Armagnac où elle se trouve en bonne densité. Ce mammifère carnivore, arboricole à l'occasion, se reconnaît à sa longue

queue et à son pelage tacheté.
Pourvu de griffes rétractiles, cet
animal discret, chassant de nuit,
se nourrissant de rongeurs et
d'oiseaux, fut domestiqué jusqu'au
15e siècle pour combattre
les souris. Durant le jour, la
genette gîte dans son terrier.

Le blaireau
Mammifère carnassier au régime
omnivore, le blaireau apprécie
les conditions naturelles propres
à la Gascogne. Trapu et
plantigrade, il peut mesurer
jusqu'à un mètre de long.
A l'aide de ses griffes, il creuse
de profonds terriers à flanc
de coteau, à l'intérieur desquels
il hiberne en compagnie d'autres
blaireaux, voire de lapins ou de
renards. Desservi par un réseau
de galeries de 8 à 10 mètres,
son gîte se partage en plusieurs
pièces à 1,50 m de profondeur.

La genette, mammifère carnivore.
Le blaireau, mammifère carnassier
au régime omnivore.
Photos Jacana.

11 Bifurquer à gauche le long d'une plantation de noyers pour aboutir à un lotissement appelé Point du Jour. Descendre le chemin goudronné, reprendre la D 953 et se diriger vers **Miradoux**.

De Miradoux à Castet-Arrouy
`5 km` `1 h 15`

A Miradoux : 🛒 ✕

A Castet-Arrouy : point d'eau et aire d'accueil pour les pèlerins.

Le bourg de Miradoux fortifié fut fondé en 1253 sur un promontoire du nord de la Lomagne. En 1652, pendant La Fronde, le prince de Condé assiégea la forteresse pendant huit jours. Saint Luc et ses troupes, ainsi que les habitants, résistèrent courageusement aux divers assauts. L'année suivante, la peste fit des ravages et tout un quartier du village fut incendié.
Le bourg possède une imposante église du 13e siècle, de style roman, construite sur l'emplacement du château fort. Son clocher est massif et inachevé. Le portail d'entrée du 16e siècle provient d'une autre église démolie. Sur la façade, on peut voir la reproduction de coquilles Saint-Jacques. Les reliques de saint Orens sont conservées dans une châsse d'argent du 18e siècle. L'église possède des chapelles romanes à large ouverture, et une nef unique de trois travées. Dans l'une des chapelles, des boulets de canon rappellent l'attaque des soldats de Condé en 1652. L'église est classée monument historique.

Les maisons à colombages construites en pierre du pays ont été restaurées.

Avec le canton de Miradoux et ses neuf villages pittoresques, on pénètre dans la « France profonde » et l'une des régions de la Lomagne gersoise, typiquement rurale. La commune de Miradoux a une agriculture très développée et performante : céréales, ail, melon, oléagineux et élevage de palmipèdes.

A **Miradoux**, continuer sur la route départementale en direction de Lectoure.

12 Tourner à gauche et prendre le sentier qui monte vers la ferme Gachepouy. Bifurquer un peu à gauche sur le chemin d'exploitation *(ne pas se diriger vers les bâtiments)*.

Dans la descente, vue à droite sur les ruines du château de Gachepouy. Construit à la fin des guerres de Religion (vers 1585), il présente nombre d'innovations, prélude à l'architecture classique.

Atteindre la D 23, franchir le ruisseau l'Auroue et poursuivre jusqu'à **Castet-Arrouy**.

Naissance du parler gascon

Alors que les invasions barbares déferlaient du Nord, les Vascons ou Gascons partis de l'Ebre envahirent l'Aquitaine à la fin du 6e siècle. Ce territoire compris entre océan Atlantique, Méditerranée et Pyrénées allait prendre dès l'an 602 le nom de Vasconia, qui deviendrait plus tard la Gascogne. Ce sont d'ailleurs les Vascons qui, refusant la domination des rois carolingiens, s'allièrent aux Sarrazins et massacrèrent à Roncevaux l'armée franque de Charlemagne, commandée selon la légende, par Roland.

Face à la puissance des nouveaux venus, Charlemagne et plus tard Louis-Le-Pieux échoueront à faire reconnaître leur autorité.

A l'ouest des Pyrénées-Atlantiques, les Basques adoptèrent un parler « aquitain-gascon » mâtiné de touches hispaniques. Il s'agit de l'*eskuara*, langue fort ancienne et mystérieuse dont on ne sait si elle est venue de quelque vallée du Caucase ou si c'est un héritage de nos ancêtres préhistoriques. Le reste de la Gascogne lui préféra un latin teinté d'intonations particulières et d'influences ibères. Ce sera la naissance de la langue gasconne, parente du basque, devenue aujourd'hui l'un des dialectes de la langue occitane au même titre que le languedocien. Ce « patois », qui a subi des tentatives d'absorption de la part du languedocien et que l'on s'efforce de remettre à l'honneur à l'école, se distingue surtout par ses particularités phonétiques.

Bien que les appellations Aquitaine puis Guyenne soient venues supplanter épisodiquement le vocable Gascogne, subsistent toujours une langue et une tradition gasconne. Aujourd'hui encore, quelques conteurs perpétuent oralement les traditions gasconnes à travers des contes populaires.

La Gascogne religieuse

Petite église de Lauraët.
Photo M. Wasielewski.

La présence de nombreux vestiges antiques a moins influencé l'architecture romane gasconne qu'il n'y paraît. Jusqu'au 10e siècle, la Gascogne aux mains des Vascons semble avoir été comme coupée du reste du monde occidental. Il faut attendre la fin du 11e siècle pour que ce semi-désert artistique bénéficie des influences extérieures, notamment avec l'extension de l'ordre clunisien et l'œuvre de Reconquête à partir de l'Espagne. De cette époque, il reste un florilège de petites églises rurales, construites selon un plan très simple, reposant sur un ou deux rectangles accolés.

Ruines de la chapelle romane de Lagraulet.
Photo M. Wasielewski.

Elles se dotent souvent d'un abri protégeant l'entrée du soleil ou de la pluie. Quelques abbatiales et collégiales plus imposantes, témoignent d'influences multiples. On retrouve dans les décors sculptés (tympan, chapiteaux, chevet) en Béarn ou en d'autres parties de la Gascogne, des formes artistiques directement inspirées de Saint-Sernin-de-Toulouse, de Moissac, ou d'au-delà des Pyrénées, de Jaca ou Compostelle. Parmi les éléments qui caractérisent les édifices romans de Gascogne, on retrouve communément le chrisme où apparaît le monogramme du Christ. D'étroites ouvertures cintrées ménagées dans les contreforts et une riche décoration d'arcades et de chapiteaux à l'intérieur du chevet font également partie des signes distinctifs de l'art roman gascon. La région sud-ouest dans son ensemble compte de nombreuses églises fortifiées, consacrées jadis lieu d'asile inviolable en temps de guerre.

Châteaux de Gascogne

L'émiettement de l'autorité des ducs de Gascogne au Moyen Age entraîna l'apparition d'une nuée de châteaux forts dans toute l'ancienne Aquitaine. Progressivement, la pierre et la brique vinrent remplacer la terre ou le bois d'origine, mais les édifices à vocation résidentielle et militaire sommairement fortifiés, ne permettaient qu'une défense passive. Ces fortins constituaient essentiellement des logis seigneuriaux dont les aménagements intérieurs alliaient l'élégance décorative au confort. Les donjons rectangulaires n'étaient souvent que des tours-salles, dépourvues de meurtrières. La capacité défensive de l'édifice se résumait à sa hauteur et à l'herméticité de l'étage inférieur. En Béarn, on trouve de nombreux châteaux en briques, choisies pour leur coût réduit.

Château de Flamarens.
Photo CDT Gers.

De **Castet-Arrouy** à **Lectoure**

10 km | 3 h

A Castet-Arrouy : point d'eau et aire d'accueil pour les pèlerins.
A Lectoure : 🏠 🏨 🛒 🍴 ℹ️ 🚌

Castet-Arrouy signifie « Château rouge », car le village aurait été, à l'origine, un fortin en terre et en bois. En témoigne la forme ovale du village ainsi que le nom donné au chemin qui le contourne au sud : « les Baradasses », ce qui signifie le fossé.

La petite église, d'époque gothique, dont le clocher et la façade datent du 16e siècle, renferme un décor et un mobilier de la fin du 19e siècle. Les chapelles et le chœur abritent des peintures de Paul Lasseran (1868-1935), peintre lectourois.
Les autels en marbre blanc datent du 19e siècle, le maître-autel en marbre blanc et rose, du 18e siècle. Certaines statues sont plus anciennes 17 et 18e siècle) et deux très beaux tableaux de la fin du 18e et du début du 19e sont exposés dans l'église.

Sur la place du village, on peut se pencher au-dessus d'un puits gallo-romain creusé en forme d'entonnoir renversé.

Castet-Arrouy est également une région agricole et offre des produits du terroir : pruneaux, noisettes, ail, melons, foie gras et confits.

Traverser **Castet-Arrouy.** Continuer sur la D 23 sur 2 km.

13 Prendre à droite le sentier le long d'une haie, traverser un bosquet, tourner à gauche et descendre par un chemin d'exploitation qui se situe en contrebas de la ferme Barachin (*camping à la ferme*).
Poursuivre tout droit sur le sentier qui longe un ruisseau et aboutir à la ferme Samatan.

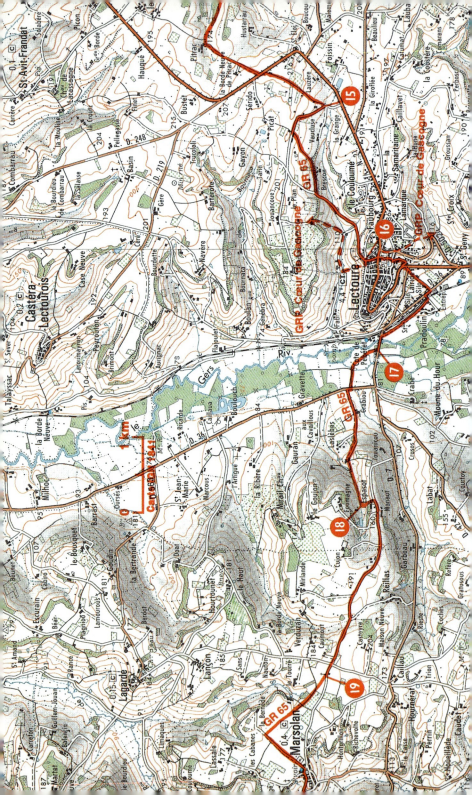

14 Tourner à droite et suivre le sentier étroit dans un sous-bois. Bien suivre le balisage qui conduit à la bâtisse de Pitrac. Prendre à gauche l'allée goudronnée qui amène à la N 21. Au niveau des deux cèdres, prendre à gauche, puis à droite sur 1 km le chemin de terre (*vue sur le clocher de la cathédrale de Lectoure*).

15 Bifurquer à droite sur la petite route après les maisons, tourner à gauche sur un chemin empierré, puis en terre, pour déboucher sur une voie communale. Descendre à gauche le raidillon sur 500 m. Remonter la pente, passer devant le cimetière pour aboutir au lieudit La Croix Rouge et entrer dans **Lectoure**.

De **Lectoure** à **Marsolan**   9 km   2 h 15

A Lectoure :

Lectoure, ancienne cité gallo-romaine, devenue ville forte au Moyen Age, a été une des capitales des comtes d'Armagnac.

Elle a traversé les douloureuses périodes des guerres civiles et religieuses qui ont marqué son histoire. Elle a supporté un long siège en 1473, dirigé par les troupes de Louis XI, puis, en 1562, elle fut occupée par les troupes catholiques de Monluc. Les premières années de la Révolution enthousiasment de nombreux Lectourois qui n'hésitent pas à s'enrôler pour défendre la patrie. Parmi eux, Jean Lannes, maréchal d'Empire, duc de Montebello, mort à la bataille d'Essling en 1809.

Lectoure offre un bel ensemble architectural, que l'on peut découvrir en commençant par l'hôtel de ville (musée lapidaire, salle des Illustres, salle du souvenir du Maréchal Lannes, jardin des Marronniers). Il faut visiter la cathédrale Saint-Gervais et Saint-Protais, puis se diriger vers le quartier de la Fontaine-de-Diane, les remparts, les vieilles rues pittoresques et les hôtels particuliers.

16 A **Lectoure**, continuer vers la tour du Bourreau. Tourner à gauche, puis à droite en empruntant la rue Corhaut. Prendre la deuxième rue à gauche en montant (rue Saint-Gervais), passer devant le gîte d'étape. Traverser la rue Nationale, descendre la typique rue Fontelie vers la fontaine de Diane (13e siècle). Prendre les escaliers à gauche au bas de la rue. Tourner à droite entre les maisons, passer dans une ruelle en forte pente appelée Carrelot. Sur la N 21, tourner à gauche. Au croisement, prendre à droite un chemin goudronné qui descend au Pradoulin (ancien quartier de Lectoure). Suivre à droite la D 36 sur 200 m, puis à gauche. Après le passage à niveau, se diriger à droite et longer la voie ferrée. Emprunter la D 7 à gauche et franchir le Gers.

. S. ANDREAS . EMMANUEL

L'hôpital de Teste, près la ville de Condom, connu pour y recevoir les pèlerins infirmes et pauvres. *Photo Dagli-Orti.*

Saint Jacques de la-Peyronelle, à 7 kilomètres à l'est de la ville. Sur la carte de Cassini, figure, au sud du chemin de Miradoux à Lectoure via Castetarouy, le lieudit « Peyrounette », agrémenté du signe « hôpital ». C'était, en 1266, une dépendance des évêques de Bethléem. En 1331, il fut cédé aux religieuses de l'abbaye de Pontvert avant d'être uni, au début du 16e siècle, à l'hôpital du Saint-Esprit de Lectoure. Un document de 1409, aujourd'hui malheureusement introuvable, relatait qu'il avait été « anciennement fondé sur le chemin des pèlerins et pour les héberger ».

Dans la cité même, après 1457, on note l'existence de neuf hôpitaux dont un, (peut-être deux ?) du vocable de saint Jacques. L'un (dont l'existence est certaine) avait le double vocable de saint Jacques et saint Antoine et se trouvait près de l'église dédiée à ce saint. L'autre aurait été situé près de la porte du Saint-Esprit. L'hôpital Saint Jacques-Saint Antoine ne survécut pas aux guerres de Religion : il fut réduit au rang de simple chapellenie au plus tard en 1563. Malheureusement, les archives hospitalières ont été détruites et nous n'avons que peu de traces de ces hôpitaux.

Lectoure, vieille cité épiscopale, a été un refuge pour les pieux voyageurs dès les débuts du pèlerinage de Compostelle. C'est en 1074 que l'église de saint Gény, à proximité de la ville et alors abandonnée, a été donnée à Cluny par Guillaume, archevêque d'Auch et Raymond, évêque de Lectoure. Ultérieurement, elle devint une dépendance de Saint-Pierre-de-Moissac, ce qui ne fait que renforcer la présomption d'accueil des pèlerins en ce lieu.

C'est dans le courant du 13e siècle que fut fondé le petit hôpital de

Condom est aussi une cité épiscopale, mais seulement depuis 1317. En revanche, une abbaye bénédictine, du vocable de saint Pierre, susceptible de recevoir les pèlerins, y existait dès avant le mouvement des pèlerinages.

Tampon actuel du passage d'un pèlerin à Larressingle. *Photo M. Wasielewski.*

En 1314, grâce au cardinal de Teste, de souche condomoise, est fondé un premier hôpital Saint-Jacques en un lieu où des « femmes de mauvaise vie » avaient établi leur repaire. Les travaux de construction de cet établissement, situé « près de la ville de Condom, sur le chemin », expressément destiné à recevoir « les pèlerins, les infirmes, les pauvres et ceux qui vont en pèlerinage à Saint-Jacques-de-Compostelle », furent achevés en 1319. Cet hôpital privé appartenait aux successeurs du fondateur. Toutefois, sa gestion était contrôlée par deux consuls de Condom et deux membres de la Confrérie saint Jacques. On peut supposer que cet hôpital fut très fréquenté dès les premiers temps de son existence : « Cependant à cause de la multitude des pèlerins et des pauvres qui abondent continuellement audit hôpital... » lit-on dans un acte du 31 août 1323. Ceci peut d'autant mieux se comprendre que

la vieille hôtellerie abbatiale avait disparu au moment de la construction de l'évêché. Malgré tout, un inventaire de la fin du 15e siècle ne fait mention que de six lits garnis... desquels ils pouvaient, s'ils étaient malades, assister à l'office divin. Mais le 15e siècle marque un indiscutable déclin des hôpitaux, délaissés pour les auberges, et n'est pas significatif pour les époques antérieures. Et puis, la coutume était de coucher plusieurs personnes dans le même lit !

Peu de temps après 1319 (au plus tard en 1326), une seconde construction intervient, à l'autre extrémité de la ville, hors les murs, au quartier dit de « la Bouquerie ». Ses fondateurs, les confrères de saint Jacques, se proposaient d'y recevoir les pèlerins en marche vers la Galice. Les textes précisent que cet hôpital est aussi édifié en bordure du chemin des pèlerins, près de l'église Saint-Jacques de la Bouquerie.

Ces deux fondations consacrent Condom comme étape jacquaire de toute première importance au 14e siècle.

Cloître de la cathédrale Saint-Pierre de Condom. *Photo M. Wasielewski.*

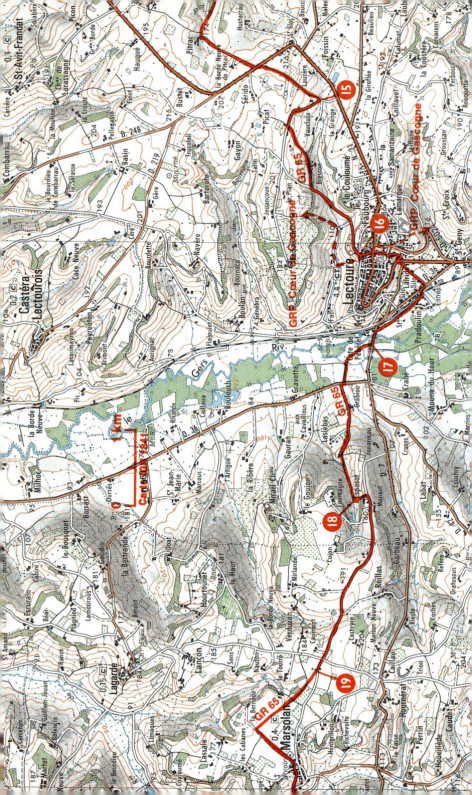

17 Tourner à droite et s'engager sur un chemin de terre appelé *Carrete Lestrade* pour atteindre la D 36. Prendre en face le chemin goudronné sur 1 km, traverser la cour de la ferme Hausset. Descendre le chemin de terre qui longe un petit ruisseau.

18 Prendre à gauche un chemin empierré qui monte à Manau. Au sommet, tourner à droite sur le chemin vicinal. Poursuivre tout droit, dépasser un carrefour.

19 A la croix de la Justice, s'engager à droite dans un chemin de terre (*aire de pique-nique avec panneau d'information*). Poursuivre par le sentier sur 800 m. Tourner à gauche pour longer le cimetière et entrer dans **Marsolan**.

Le nom de ce village à l'aspect provençal, avec ses maisons étagées, est d'origine romaine.

Un château appartenant au vicomte de Lomagne existait en 1082. A l'entrée du village, on peut apercevoir les vestiges de l'hôpital Saint-Jacques. Sur la terrasse, on a une vue sur la riante vallée de l'Auchie.
Son église paroissiale, Notre-Dame-du-Rosaire, a été reconstruite au 16e siècle. Face à la porte de l'église et attenant à la halle, un belvédère spacieux permet d'admirer les collines gasconnes. En haut d'un contrefort d'angle, un cadran solaire est visible dans un découpage de pierre, surmonté d'un fleuron.

Dans la campagne avoisinante, on peut aller visiter deux églises : l'une, Tressens, au Nord-Ouest, sur le plateau de l'autre côté de l'Auchie, l'autre au Sud-Ouest, Saint-Georges, également située sur le plateau (chrisme roman).

Le cloître de la Romieu. *Photo CDT Gers.*

De **Marsolan** à **la** chapelle d'**Abrin** | 5 km | 1 h 15 |

Laisser l'église et **Marsolan** sur la gauche. Descendre dans la vallée de l'Auchie. Couper la D 166 et franchir le ruisseau sur un pont. Remonter en face, sur le plateau.

20 Après 800 m, tourner à gauche pour rejoindre un chemin de crête, non loin de Cauboue. Atteindre l'ancien moulin à vent : aller tout droit vers l'Ouest, sur 2 km. Le GR® descend et se confond avec le chemin historique jusqu'à la **chapelle d'Abrin**.

De la **chapelle d'Abrin** à **La Romieu** | 5 km | 1 h 15 |

A La Romieu : 🏠 🏦 ⛺ 🛒 ✕ ℹ️

21 Juste avant la **chapelle d'Abrin**, emprunter à droite un chemin d'accès à une ferme et continuer sur un chemin de terre. Traverser plusieurs vallons. S'élever jusqu'au bois de la Ville et y pénétrer.

▶ Hors GR : on peut gagner directement Condom par la vallée de l'Auvignon : voir tracé en tirets sur la carte.

22 En haut de la montée, tourner à gauche. A la sortie du bois, suivre à droite une route sur 50 m pour s'engager à gauche sur un chemin empierré. Avant la ferme Le Double, tourner à droite. Longer un bois (*vue sur les tours de la collégiale de La Romieu*), puis gagner **La Romieu**.

De **La Romieu** à **Castelnau-sur-l'Auvignon** | 5 km | 1 h 15 |

▶ Jonction avec le GR® 652, variante du chemin de Saint-Jacques venant de Gourdon par Fumel, Villeneuve-sur-Lot et Agen (topo-guide *Sentier de Saint-Jacques*, de Figeac à Moissac et de Gourdon à La Romieu).

Quitter **La Romieu** par la D 41 vers Condom, dépasser un embranchement *(calvaire)*.

23 S'engager à droite sur un chemin, puis emprunter à droite une route. Devant le château de Maridac, prendre l'allée vers l'Ouest en laissant les bâtiments à gauche, puis suivre un chemin bordé de chênes. Utiliser une route à gauche, prendre la D 41 à gauche sur 50 m, puis s'engager à droite sur un chemin conduisant à l'entrée Est de **Castelnau-sur-l'Auvignon**.

De **Castelnau-sur-l'Auvignon** à **Condom** | 11 km | 2 h 45 |

A Condom : 🏠 🏦 ⛺ 🛒 ✕ ℹ️ 🚌

Traverser la route de **Castelnau**, descendre sous une voûte d'arbres jusqu'à l'Auvignon. Le franchir et remonter en obliquant vers le Sud. Passer entre les bâtiments de La Baraille.

24 Sur le plateau, atteindre un chemin (*chapelle Sainte-Germaine romane 13e avec enclos*). Continuer jusqu'aux premières maisons du Baradieu.

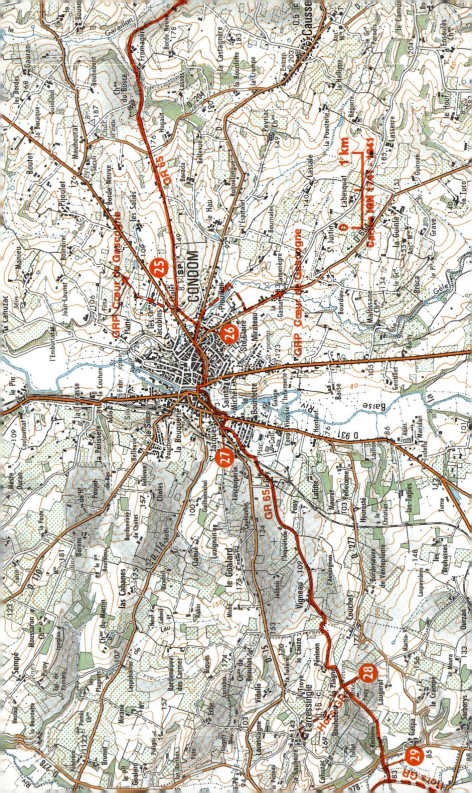

Tourner à gauche, prendre le chemin goudronné sur 500 m, descendre à droite sur l'allée empierrée de la ferme de Moras. Longer la façade Nord et s'avancer jusqu'au lac collinaire du Bousquetara. Suivre le balisage le long de la berge et arriver à une route. L'emprunter à gauche, passer à La Fromagère. Continuer jusqu'au croisement de la D 204, poursuivre par la route sur 1 km environ, puis tout droit sur le chemin empierré (*vue sur Condom*). Continuer de descendre par un sentier pour aboutir à une intersection.

25 Jonction avec le GR® de Pays *Cœur de Gascogne* : tourner à gauche et descendre par un chemin vers la D 7 pour arriver dans le centre-ville de **Condom**.

De **Condom** au **Carbon**　　　5 km　1 h 15　

A Condom : 🏠 🏨 ⛺ 🛒 🍴 ℹ️ 🚌

26 Dans **Condom**, laisser le GR® de Pays *Cœur de Gascogne* sur la gauche et emprunter à droite la D 7. Au croisement, tourner à gauche et se diriger vers le monument aux morts. Prendre la rue Jean-Jaurès qui longe les allées. Passer devant le centre Salvandy (*gîte d'étape*). Redescendre la rue vers la place de la Liberté. Prendre la rue Buzon pour aboutir à un rond-point. Tourner à droite, franchir la Baïse sur le pont des Carmes et s'engager juste après sur le petit chemin empierré qui passe derrière l'église Saint-Jacques. Arriver à la D 931, continuer tout droit par le chemin piétonnier.

27 Tourner à gauche sur un chemin empierré desservant des maisons neuves, prendre un chemin qui passe sous la voie ferrée et remonte en direction du Gay. Continuer tout droit sur une petite route qui, après avoir franchi deux vallons, atteint le plateau. Utiliser des allées empierrées conduisant à Péninon puis au **Carbon**.

> Hors GR pour **Larressingle**　1 km　15 mn
>
> ☕ (*de mai à septembre*)
>
> Au carrefour, descendre à droite par le chemin communal.

Larressingle est l'un des villages les mieux conservés de la région ; les Gascons l'ont baptisé « la Carcassonne du Gers ». Ce village-forteresse du 13e siècle est ceint d'un rempart polygonal de 270 m de tour. Ce rempart a encore fière allure avec ses profonds fossés, ses hautes courtines, ses tours carrées, dont l'une est percée à la base d'une porte, jadis précédée d'un pont-levis. A l'intérieur des fortifications, le château a perdu sa toiture et ses plafonds, mais a conservé un escalier à vis.
L'ancienne chapelle, devenue église paroissiale, a deux nefs embouties : la plus ancienne, romane, est brusquement fermée à l'Ouest par une haute façade où s'ouvre un portail en plein cintre flanqué de deux colonnes aux chapiteaux historiés.

L'armagnac, une larme divine

Chais de vieillissement de l'Armagnac à Eauze.
Photo F. Ducasse/Zapa.

L'armagnac résulte de la distillation du vin blanc, issu de cépages ugni blanc et baco, de la folle blanche et du colombard. La distillation de l'armagnac se fait entre le 1er novembre et le 30 mars, sans « repasse », c'est-à-dire en une seule fois, contrairement au cognac. A sa sortie de l'alambic, l'alcool qui titre entre 52 et 72 % vol. est logé dans d'énormes fûts de chêne à l'abri de chais vastes et frais. Il est ramené à 40-48 % vol. par évaporation : c'est « la part des anges ». L'armagnac atteint « la force de l'âge » entre 10 et 40 ans et « le déclin » au-delà. Des années durant, le maître de chai veille sur son œuvre, sondant sa couleur, son bouquet, sa saveur. Face à la baisse de la consommation, les vignes diminuent au profit des champs de maïs. Néanmoins les traditions se perpétuent. Villes et villages célèbrent en novembre la « flamme » de l'armagnac qui marque le début de la distillation. Il en est ainsi à Eauze, Nogaro et Manciet, où les festivités

On raconte que l'armagnac doit sa célébrité aux pèlerins de Saint-Jacques qui ne manquaient pas d'y goûter lors de leur passage à Condom, son premier port d'expédition. Les jacquets se chargèrent par la suite de faire connaître l'armagnac à travers toute l'Europe. La légende rapporte que l'armagnac naquit d'une larme divine tombée entre Pyrénées et Garonne. L'histoire atteste que l'*aygo ardens* fut fabriquée en terre de Gascogne dès le 14e siècle, à l'origine médication prescrite par les apothicaires pour ses vertus thérapeutiques multiples. Au 16e siècle, les procédés de distillation sont améliorés et l'eau-de-vie courante devient produit de dégustation, baptisé armagnac. Mais, à partir de 1879, les vignes sont dévastées par le phylloxera. Quelques propriétaires aisés parviennent à ressusciter le vignoble. En 1909, l'armagnac reçoit l'appellation d'origine contrôlée délimitée sur trois zones : le Bas-Armagnac, la Ténarèze et le Haut-Armagnac.

Dégustation d'armagnac.
Photo F. Ducasse/Zapa.

sont largement arrosées de « floc », vin de liqueur résultant du mariage du moût de raisin frais et de l'armagnac.

Eauze accueille durant la semaine de l'Ascension, la foire nationale des eaux-de-vie d'armagnac.

L'art de la tonnellerie

La tonnellerie, que nous avons héritée des Celtes, aurait vingt siècles d'existence. La « confrérie des tonneliers » (auparavant « charpentiers de tonneaux ») naît au 13e siècle. Le bois perméable à l'air, contrairement à la terre cuite des récipients antérieurs, favorise un vieillissement progressif du vin. L'élaboration du tonneau ou « foudre » suit les règles traditionnelles d'autrefois. Quelque quatre-vingts planches ou « douelles » vieilles de six à dix ans sont assemblées pour fabriquer un foudre de 50 à 300 hl. Châtaigner, hêtre ou saule, diverses essences peuvent être utilisées mais le chêne reste le meilleur matériau. Le montage des cercles métalliques s'effectue dans le sens des aiguilles d'une montre, puis chacun d'entre eux est riveté au foudre. L'artisan s'introduit à l'intérieur du tonneau géant afin de resserrer les douelles, aidé d'un guide qui de l'extérieur frappe à coups de maillet la planche sur laquelle il faut intervenir. Puis le foudre est couché au sol avec précaution afin d'arrimer les deux fonds du tonneau dont le plus grand atteint 3,40 m de diamètre. Livré en pièces détachées, le foudre est poncé et passé à l'huile de lin avant utilisation.

Quand l'armagnac descendait le cours de la Baïse

Rivière gasconne née sur le plateau de Lannemezan et traversant Condom, la Baïse fut dotée au 19e siècle d'équipements pour permettre la navigation et vit le passage de ses premiers bateaux en 1839. Condom devint alors le grand port d'expédition de marchandises diverses : blé, farine, orge, avoine mais surtout armagnac et vin. Les denrées étaient acheminées vers Bordeaux et Bayonne à bord de *gabarres* tractées par des mulets le long des chemins de halage. Par la suite, la batellerie se développa moins qu'on ne l'avait espéré et les équipements sur la Baïse se révélèrent inutiles. Depuis, la Baïse est de nouveau navigable sur certains tronçons, notamment entre Valence-sur-Baïse et Buzet-sur-Baïse.

Les bateaux transportaient l'armagnac sur la Baïse. *Photo F. Ducasse/Zapa.*

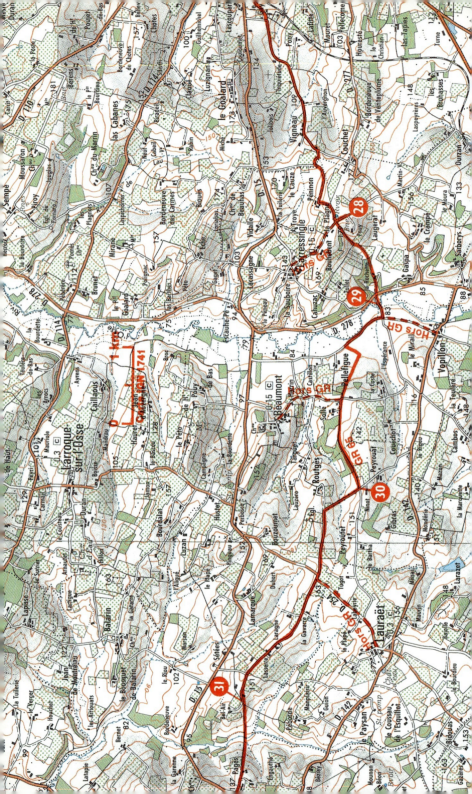

Du Carbon au pont d'Artigues   `3 km` `45 mn`

28 Au **Carbon**, le GR® 65 continue tout droit et suit un chemin de terre bordé de haies. Au cours de la descente, au niveau d'une corniche calcaire, atteindre le thalweg du ruisseau de la Marian. Le longer sur 500 m à travers un sous-bois. Traverser la D 278, continuer en face sur un chemin revêtu conduisant, 150 m plus loin, au **pont d'Artigues**.

Du pont d'Artigues à Montréal-du-Gers   `9 km` `2 h 15`

A *Montréal-du-Gers* : 🛒 🍴 ℹ️

Pont roman sur l'Osse, œuvre architecturale à cinq arches inégales, utilisé de tous temps par les pèlerins. Tout près, se trouvait un hôpital qui appartint successivement au diocèse de Compostelle, aux Chevaliers de Saint-Jacques-de-l'Epée-Rouge (ordre de Santiago) et enfin à l'ordre de Saint-Jacques-de-la-Foi-et-de-la-Paix. Il ne reste aucun vestige de l'hôpital.

29 Franchir l'Osse sur le **pont d'Artigues** et atteindre un carrefour.

> Hors GR pour **Vopillon**   `I km` `15 mn`
>
> Eglise romane, détruite en partie par Gabriel de Montgomery, abside décorée de fresques naïves et colorées, vestiges du monastère de Fontevrault, croix de cimetière.
>
> Prendre à gauche au carrefour.

Emprunter la première route à droite sur 600 m. Tourner à gauche dans un chemin de terre pour atteindre une petite route.

> Hors GR pour **Beaumont**   `I km` `20 mn`
>
> Le château *(visite en été)* était la propriété de Louis de Pardaillan Gondrin, marquis de Montespan, exilé ici lorsque la célèbre marquise fut distinguée par Louis XIV. Il agrandit alors la demeure qui connut des heures fastes, lorsque son fils, le duc d'Antin, la fit embellir et aménager.
> Tourner à droite sur la route.

Prendre à gauche un chemin de terre sur 1,2 km.

30 Emprunter à droite la route sur 700 m. Atteindre l'église de Routgès (*la plus ancienne église de la commune de Montréal-du-Gers ; remarquer la petite porte qui fut sans doute celle des cagots*). Poursuivre tout droit jusqu'au carrefour avec la D 254.

> Hors GR pour **Lauraët**   `2 km` `30 mn`
>
> Village étape sur le chemin de Compostelle. Dans l'église, retable du 17e.

Pèlerins et mendiants sont reçus dans les hôpitaux. *Photo Dagli-Orti.*

Le pèlerin malade n'était pas oublié. C'est une évidence si l'on pense que la quête du miracle de guérison était l'un des plus fréquents motifs de départ. C'est encore le poème de la Preciosa qui nous donne des précisions sur les « privilèges » dont il bénéficiait.

Les malades étaient reçus dans deux bâtiments spéciaux : les infirmeries. En effet, s'il était hors de question de les exclure de l'accueil, dû par charité à tout passant, il ne pouvait être envisagé – tant la peur des épidémies était grande, et justifiée, au Moyen

Age – de les loger avec les bien portants. Dans ces locaux à eux réservés (l'un pour les hommes, l'autre pour les femmes), ils étaient pris en charge par les sœurs que ce poème présente de façon si idéalisée que les pèlerins en bonne santé devaient regretter leur condition : « Des femmes d'une remarquable honnêteté de mœurs, exemptes de vices et de laideur, sont là dévouées à leur service, elles prennent continuellement soin des malades avec une grande piété ».

La nourriture réservée aux malades était plus abondante et plus recherchée : « Leur chambre est bien pourvue de fruits ; il y a là des amandes et des grenades et d'autres sortes de fruits estimés qui poussent dans les diverses parties du monde ». Louange sans doute un peu excessive : comment nos chanoines auraient-ils pu se procurer (et conserver) des fruits exotiques, surtout en hiver ?

Le couchage aussi est meilleur : « ils reposent dans des lits moelleux et bien garnis » tandis que, jour et nuit, la salle est éclairée : remarquable délicatesse morale destinée à épargner les angoisses nocturnes aux plus atteints. De surcroît, depuis leurs lits, ils peuvent voir l'autel de sainte Catherine et sainte Marine et suivre l'office sans avoir à se lever.

L'hygiène est particulièrement développée : ils peuvent se laver et, ceux qui le désirent, peuvent prendre des bains. Roncevaux n'était pas pourvu de bains à l'antique ou à l'arabe : nous n'en avons aucune trace archéologique. L'auteur (qui avait peut-être voyagé dans l'Espagne méridionale) se laisse encore aller à une louange excessive. Les bains devaient donc se limiter à l'immersion dans des sortes de baquets ce qui, aux 12e-13e siècles, n'était pas à dédaigner,

pourvu que l'eau fut chaude !
Le séjour à l'infirmerie était limité au temps nécessaire à la guérison du malade. De plus, les compagnons du malade étaient autorisés à l'attendre pour qu'ils puissent reprendre leur route tous ensemble.

Hélas, en dépit de soins aussi attentifs, bien des pèlerins achevaient là leur pèlerinage de vie en acquittant « leur dette à la nature ». On pratiquait alors à leur égard l'ensevelissement des morts, ultime œuvre de miséricorde. Le poème décrit le bâtiment (le plus ancien subsistant) aujourd'hui nommé « chapelle de Charlemagne » et qui sert de cimetière à la communauté canoniale. Restauré pour la célébration du 12e centenaire de la bataille de Roncevaux (15 août 1978), il a repris son aspect primitif : « un carré surmonté d'une coupole au pinacle de laquelle se trouve une croix ». Au centre de cette chapelle-charnier se trouvait un autel. Les pèlerins se plaisaient à y prier non seulement parce que nombre des leurs y reposaient mais aussi (et peut-être surtout) parce que la légende en avait fait la sépulture de Roland et qu'elle aurait même été édifiée sur le rocher que le preux fendit d'un coup de son épée avant de mourir.

La croix de Charlemagne à Roncevaux.
Photo E. Follet.

Le GR® 65 continue sur la route de crête (*vues sur la campagne environnante*). Traverser Lasserre-de-Haut ; passer sous une ligne électrique et continuer tout droit (Ouest) sur un chemin de terre.

31 Atteindre l'ancien site gallo-romain du Glesia : *emplacement d'une villa fouillée au 19e siècle ; découverte d'une mosaïque avec le dieu Oceanus conservée au musée de Lectoure.* Descendre le long du ruisseau et le franchir sur une chaussée de grosses pierres. Remonter par un chemin bordé d'arbres. Laisser la D 15 à droite et se diriger, toujours sur un chemin bordé d'arbres, vers le château de Lassalle-Baqué (*avant-poste qui protégeait Montréal, cour du 18e*). Emprunter à droite la D 113 jusqu'à la croix Saint-Orens. Là, continuer sur la route à gauche. Passer le long du cimetière, prendre à droite la rue du 11 novembre et entrer dans **Montréal-du-Gers**.

De **Montréal-du-Gers** à **Lamothe**   `9 km` `2 h 15`

A Montréal-du-Gers : 🛒 🍴 ℹ️

Montréal-du-Gers est une des premières bastides de Gascogne (1289) bâtie sur un éperon rocheux, ancien oppidum celtibère ; place à arcades ; église du 13e, restaurée au 17e siècle après sa destruction par Gabriel de Montgomery ; ruelles et maisons pittoresques, fortifications, mairie du 18e, musée lapidaire.

Juste après l'église de **Montréal-du-Gers**, le GR® descend à gauche et passe sous la porte fortifiée. Utiliser le chemin étroit pour aboutir à la D 15.

> Hors GR pour **Séviac** `2 km` `30 mn`
>
>
>
> Site gallo-romain très important en cours de fouilles ; mosaïques du 4e siècle, vastes thermes, visite de mars à novembre.
>
> Emprunter la D 15 à droite, franchir le pont de l'Auzoue, tourner à gauche puis à droite et suivre le fléchage *Séviac*.

32 Prendre à gauche le chemin goudronné jusqu'à la retenue d'eau appelée lac de la Ténarèze.

Ce nom a été donné à une région, mais aussi à une fameuse route très ancienne qui, des Pyrénées à la Gironde, ne traversait aucune vallée : elle suivait la ligne de partage des eaux entre le bassin de l'Adour et celui de la Garonne.

S'engager tout droit sur le chemin de terre ; 800 m plus loin, continuer sur le chemin goudronné pour atteindre la ferme Ribère-du-Haut. Descendre le chemin empierré à droite jusqu'à une ancienne maison de garde-barrière, emprunter à gauche la plate-forme de l'ancienne voie ferrée sur 1 km.

▶ A gauche, le château de Montaut, fief des Maribon-Montaut. *Le dernier du nom fut député conventionnel du Gers.*

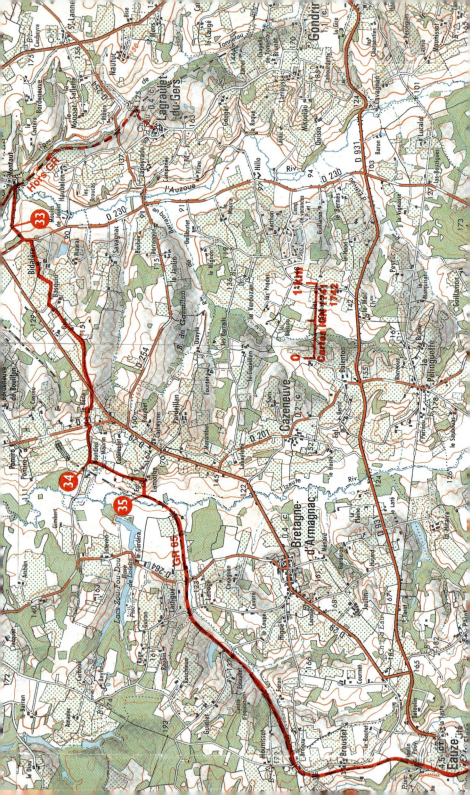

Passer sur le pont métallique.

Hors GR pour **Lagraulet-du-Gers** `2 km` `30 mn`

Situé sur le chemin historique de Compostelle venant du pont d'Artigues. Vestiges du château, tour carrée 13e. Dans les chapelles latérales de l'église, décor évoquant le pèlerinage : coquilles, pèlerin muni de sa gourde, du bourdon et du chapelet.

Poursuivre encore 2 km sur le ballast de l'ancienne voie ferrée (lac collinaire à gauche).

Le GR® quitte la plate-forme de la voie ferrée, descend une rampe. Passer sous le pont métallique et emprunter vers l'Ouest le chemin empierré bordé de grands arbres.

33 S'engager à gauche pour rejoindre la D 230, la suivre à gauche sur 200 m. Tourner à droite dans des allées de vignes jusqu'à Bidalère. Continuer vers l'Ouest (*panorama sur Montréal au Nord*). Prendre le chemin parallèle à la D 29, passer devant la ferme Basquin (fabrication de croustade à l'armagnac). Poursuivre sur le sentier, obliquer vers l'Ouest, couper la D 29 puis s'engager dans un bosquet. Traverser la ferme du Bédat, couper la D 312. Aller à gauche pour emprunter à droite un chemin revêtu.

34 Tourner à gauche sur un chemin de terre en bordure de vignes pour parvenir à **Lamothe**.

De **Lamothe** à **Eauze**   `7 km` `1 h 45`

A *Eauze* : 🏠 🏛 ⛺ 🛒 ✕ ℹ️ 🚌

Lamothe est un haut-lieu de la Ténarèze. Tour de garde du 13e, poste avancé des Armagnac durant la guerre de Cent Ans. Fief des Pardailhan-Lamothe-Gondrin jusqu'au 18e siècle. Remarquable construction restée intacte. Cette construction représente toute la beauté et la richesse de l'Armagnac. Eglise avec retable et Pieta du 16e en bois. Non loin, à Pardailhan se trouvait un ancien hôpital.

Descendre devant l'église de **Lamothe** en direction de la rivière l'Izaute ; arriver sur le ballast de l'ancienne voie ferrée.

35 Tourner à gauche et continuer sur cette voie pendant 7 km jusqu'à la D 931. L'emprunter à droite. Entrer dans la ville d'**Eauze**.

Le foie gras

Le foie gras, tradition du Gers.
Photo A. Beguerie/Zapa.

La pratique du foie gras remonte au temps des Egyptiens qui avaient constaté le phénomène naturel de gavage des oies avant la migration. Le Gers a perpétué cette tradition, nourrissant ses oies grises et ses canards de dés de figues et de maïs blanc, céréale la moins riche en choline qui facilite l'élimination des graisses. Durant la période de gavage, la bête reçoit un kilo de maïs par jour que le gaveur fait habilement descendre du bec jusqu'au jabot. On reconnaît une oie bien gavée à sa tête et son cou rentrés dans les épaules et ses ailes qui se décroisent. C'est de novembre au printemps que les foies sont les meilleurs, la bête supportant mieux le gavage par temps froid. Stérilisé « à l'ancienne », le foie est enrobé dans sa propre graisse pour une meilleure conservation. Il se vend également mi-cuit et frais.

Les marchés au gras

On ne peut parler du Gers sans évoquer ses marchés au gras qui se déroulent chaque semaine de novembre à mars dans maintes communes comme Condom, Eauze, Auch, Samatan ou Gimont. Avec un cheptel de 150 000 oies et 2 300 000 canards, le Gers produit quelque 1 500 tonnes de foie gras dans l'année. Il est le deuxième fournisseur après le département des Landes. Dans une ambiance fébrile et retentissante de palabres, le marché se déroule en deux temps : la vente des foies hors carcasses, puis les oies et les canards entiers, foie compris. C'est un spectacle pittoresque d'alignements sans fin de carcasses d'oies et de canards exposés sur de longues tables. Les lois de marché de ces denrées précieuses

Le marché au gras à Eauze.
Photo F. Ducasse/Zapa.

sont originales et les transactions passionnantes à suivre. Un coup de sifflet donne le départ. A partir du cours, la fermière établit son prix et la vente est si rapide que plusieurs centaines de kilos peuvent changer de mains en quelques instants. Il se vend parfois jusqu'à trois tonnes de foies en une seule journée ! Le vrai connaisseur achète au coup d'œil. Un bon foie n'est pas le plus lourd (700 à 800 g) mais il se doit d'être rosé jusqu'au plus profond.

La garbure gasconne

Recette
Epaisse soupe de légumes enrichie de viande, la garbure est le potage de campagne typique du sud-ouest. Prendre un chou moyen, l'éplucher, le couper en quatre, mettre à blanchir 10 minutes. Egoutter, mettre à cuire dans une casserole avec une cuisse d'oie, une tranche de jambon et des saucisses, une carotte, un oignon, deux clous de girofle et un litre d'eau. Une fois le chou cuit, ranger dans un plat creux : une couche de chou, une couche de tranches de pain, en saupoudrant chaque couche de gros poivre. Arroser au cours de la cuisson et faire gratiner. Servir la cuisse d'oie sur la garbure, le jambon coupé et les saucisses tout autour.

La garbure gasconne.
Photo E. Follet.

L'habitat en terre gersoise

L'habitat rural consiste en un véritable semis de maisons dispersées à travers l'espace gersois, en retrait des rivières, à flanc de coteaux ou sur le rebord des crêtes. Les demeures traditionnelles ont en commun leur façade tournée au midi ou à l'est, largement ouverte au soleil, tandis qu'à l'ouest et au nord, des murs aveugles protègent des vents et du froid. Généralement conçues selon un plan rectangulaire, elles peuvent se présenter comme une maison-bloc : carrée, en équerre ou en fer à cheval. Les bordes de plain-pied aux murs très épais, peuvent être en brique crue, et ne comportent qu'une ou deux pièces d'habitation. Celles-ci sont étayées par les parties réservées à la grange, au chai, aux étables et aux écuries. La partie dévolue à l'habitation peut être précédée d'un hangar et la façade est souvent pourvue d'un auvent. Les propriétaires aisés se dotaient d'un étage. Accessoirement pourvue d'un pignon-façade, la demeure devenait alors « château ». Dans le Bas-Armagnac, on trouve des maisons « à parc », disposant d'une aire servant à entreposer le fumier à l'intérieur des bâtiments. Toutes ces demeures ont en commun la grande et unique cheminée, occupant la salle commune au centre du mur-pignon face à l'entrée. Le toit qui peut descendre jusqu'à moins de deux mètres du sol, est le plus souvent recouvert de tuiles romanes.

D'Eauze à la ferme de Peyret 7 km | 1 h 45

A Eauze : 🏠 🏨 ⛺ 🛒 🍴 ℹ️ 🚌

Autrefois capitale de la Novempopulanie et colonie romaine, Elusa fut aussi une métropole religieuse, évêché au 4e siècle ; un prieuré y fut fondé vers la fin du 10e, rattaché à l'ordre bénédictin de Cluny. Les guerres de Religion lui furent particulièrement néfastes et Henri IV qui y fit de nombreux séjours n'y fut pas toujours bien accueilli. C'est durant la période révolutionnaire que la plus vieille église de la ville fut détruite. Wellington, à la poursuite des troupes du maréchal Soult, installe ses batteries à proximité du GR® 65.
De son passé agité mais glorieux, Eauze, actuelle capitale de l'Armagnac, a conservé quelques vieilles maisons à colombages (la maison dite de Jeanne d'Albret), des vestiges de remparts qui ceinturaient la ville et surtout l'église terminée en 1521 et que certains dénomment, peut-être abusivement, cathédrale. Il est curieux de noter que cet édifice remarquable à bien des points de vue (nef, clefs de voûte, revêtements divers provenant en droite ligne de l'ancienne cité gallo-romaine) est un résumé de l'histoire aussi bien religieuse que profane de la ville. Il y avait, jadis, un hôpital sous l'invocation de saint Jacques.

Quitter **Eauze** en empruntant la D 931 sur 500 m vers le Sud.

36 Avant la cave coopérative, tourner à droite sur une route et s'engager sur un chemin de terre. Suivre une voie communale sur la gauche jusqu'aux abords de la ferme de Pénabert. Poursuivre tout droit un chemin longeant des carreaux de vigne, traverser une prairie et descendre à gauche vers le Bergon. Le franchir sur une passerelle. Remonter par un chemin encaissé menant à Angoulin (ferme en ruines). Traverser un chemin goudronné, longer la lisière du bois en obliquant sur la gauche pour parvenir à une route (pins parasol). Tourner à droite, passer devant la ferme de Riguet. Continuer sur 400 m.

37 Tourner à gauche à travers vignes. Franchir un ruisseau puis remonter à la **ferme de Peyret**.

De la ferme de Peyret à Manciet 4 km | 1 h

A Manciet : 🏨 🛒 🍴 🚌

Hors GR pour **Sauboires** 1 km | 15 mn

 🏠

Prendre à droite le chemin de terre, puis la route.

A la **ferme de Peyret,** continuer tout droit jusqu'à l'étang du Pouy (pisciculture).

38 Emprunter à gauche la D 122 sur 2 km et arriver à **Manciet**.

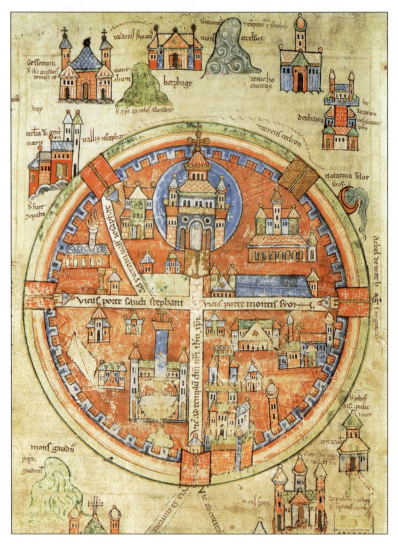

Jérusalem, lieu de pèlerinage comme Rome et Compostelle. *Photo Dagli-Orti.*

Ce bourgeois de Valenciennes, qui a effectué des pèlerinages à Jérusalem, Rome et Compostelle, d'une seule traite, en 1487-1488, nous fournit, grâce à son carnet de route aussi détaillé que savoureux, un bon exemple du pèlerin de l'extrême fin du Moyen Age. Pieux, certes, mais non confit en dévotion et ne négligeant pas les opportunités offertes, pourvu qu'elles ne portent pas atteinte à la sainteté du voyage.

Riche, il entend voyager le plus confortablement possible, sans être avare de ses deniers. N'est-ce pas le voyage de sa vie ? A son épisodique compagnon de route, sire Guillaume, qui prétendait vouloir lui imposer quelques économies, il répond vertement : « Je vous mène bien à mes dépens ; ne vous mêlez sinon de faire bonne chère car Dieu en soit loué j'ai asses d'argent pour nous retourner en notre païs ».

Bon vivant, à l'occasion il ne déteste pas quelques réjouissances, si elles restent convenables : « Après avoir soupé et compté et paié, notre hoste voyait bien que nous étions gens qui faisaient volontiers bonne chère, il nous demanda si nous ne voulions point avoir rien de joyeux dont je répondis que nenni car il me semblait qu'il n'appartenait point aux pèlerins avoir quelque ébat. Il y eut un qui répondit ça ne peut faire de mal et lors nostre hoste alla quérir son tambourin et son flageolet et nous fist des chansons et des danses à la mode de la bas et dansames tous ». Mais, l'heure s'avançant et les réjouissances tendant à devenir moins innocentes, notre pèlerin préféra aller se coucher...

Il avait quelques mérites à résister ainsi à la tentation, notamment en Navarre où les auberges paraissent être de véritables lieux de débauche. Enfin, Jean de Tournai nous apprend ce qu'est « une auberge espagnole » : «... quand vous estes venus au logis et que vous voulez avoir du pain vin chère ou quelque chose, il vous faut le chercher vous-même car vous n'aurez rien au logis sinon le lit pour vous coucher dessus et encore bien venu si vous avez un lit car la plupart ils n'en ont nuls et aussi il vous faut par tout ledit païs préparer votre viande ». Quant à l'hygiène, mieux vaut ne pas en parler. La « propreté flamande » de notre homme est offusquée : « En ce païs ils font leurs necessitez partout cela est fort infame ».

Le retour

Un pèlerinage est un voyage aller-retour ! Parvenu au terme de sa démarche, le pèlerin, après avoir fait ses dévotions à son saint de prédilection et avoir quelque peu profité de son séjour dans la cité sainte pour s'y reposer, devait penser à regagner son pays d'origine... par le même moyen de locomotion qu'à l'aller. Cette nécessité d'accomplir le voyage de retour à pied comme celui de l'aller, de mettre autant de temps, de ressentir autant la fatigue (voire davantage car elle s'accumule tandis que l'approche du terme n'est plus là pour galvaniser son énergie) est perdue de vue par le pèlerin contemporain qui accomplit son voyage de retour en voiture, en train ou en avion. Le pur pèlerin serait donc celui qui, parvenu à Compostelle, admettrait n'être qu'à mi-pèlerinage. Qui, de nos jours, en aurait la force, le courage ou, tout simplement, le loisir ?

Plaque indiquant, comme autrefois, un refuge sur le chemin de Saint-Jacques-de-Compostelle. Celui-ci est à Saint-Jean-Pied-de-Port. *Photo G. Masicard/Zapa.*

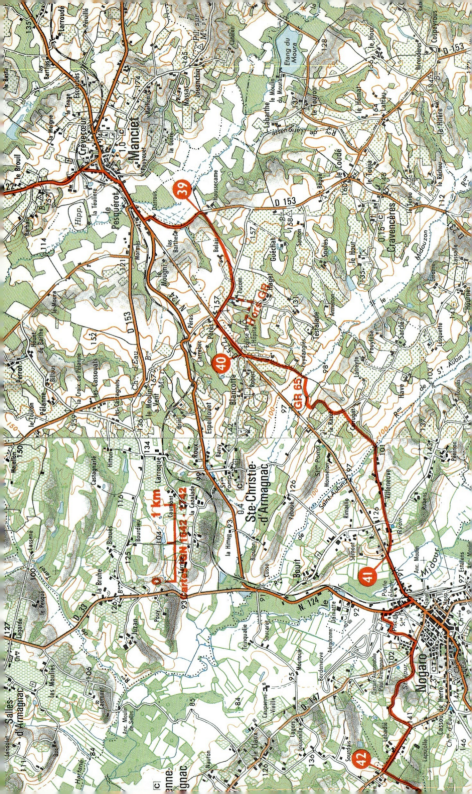

De Manciet à Nogaro

A Manciet : 🏫 🛒 ✕ 🚌

A Nogaro : 🏠 🏫 ⛺ 🛒 ✕ ℹ️ 🚌

Traverser **Manciet** vers l'Ouest et continuer tout droit, franchir le passage à niveau (*à gauche, arènes de Manciet réservées aux courses landaises*). Tourner à droite et poursuivre sur la N 124 pendant 1 km. Prendre à gauche la D 153 en direction de Cravencères sur 750 m.

39 Tourner à droite sur un chemin de terre qui monte à la ferme Bel Air, prendre à droite le chemin goudronné.

> Hors GR pour l'**église-hôpital Sainte-Christie** `300 m` `5 mn`
>
> Ancienne chapelle d'une commanderie de l'ordre de Malte.
> Le long d'un chemin à 50 m à l'Ouest de la chapelle, borne avec croix de Malte (l'une des vingt bornes qui délimitaient le domaine de la Commanderie).

Prendre à gauche la D 522 sur 500 m.

40 S'engager à gauche sur un chemin de terre, parallèle au chemin empierré de la ferme. Franchir le Midouzon, traverser plusieurs fossés de drainage et bien suivre le balisage pour aboutir à un chemin goudronné. Le suivre à gauche sur quelques mètres. Prendre à droite un chemin à travers des vignes, longer la lisière d'un bois, franchir le ruisseau Saint-Aubin, passer près de la ferme Villeneuve, remonter jusqu'à un carrefour avec une autre voie communale (*croix discoïdale*). Passer le carrefour et descendre en direction de la D 522.

41 L'emprunter à gauche pour arriver à **Nogaro**.

Nogaro, de *Nogarolium*, « lieu planté de noyers », a été bâti au 11e siècle sur l'initiative de saint Austinde, archevêque d'Auch. Au cours des guerres de Religion, la ville connut le triste sort de ses voisins et ne put échapper aux troupes de Montgomery qui la ravagèrent et endommagèrent l'église. C'est encore aujourd'hui un des monuments les plus remarquables de la contrée. L'entrée, décorée au tympan de la porte par un Christ en majesté entouré des symboles des quatre évangélistes, les trois nefs séparées par des colonnades, l'arcature intérieure, l'abside et les absidioles voûtées en cul-de-sac illustrent cet exemple typique du passage de l'art roman à l'art ogival. Les reliques de saint Austinde y sont en partie déposées. Dans une cour derrière l'église, les vestiges du cloître sont visibles contre un mur : arcs en plein cintre d'un dessin pur et délicat, fûts et chapiteaux romans finement ciselés. Non loin, s'élevait un hôpital Saint-Jacques.

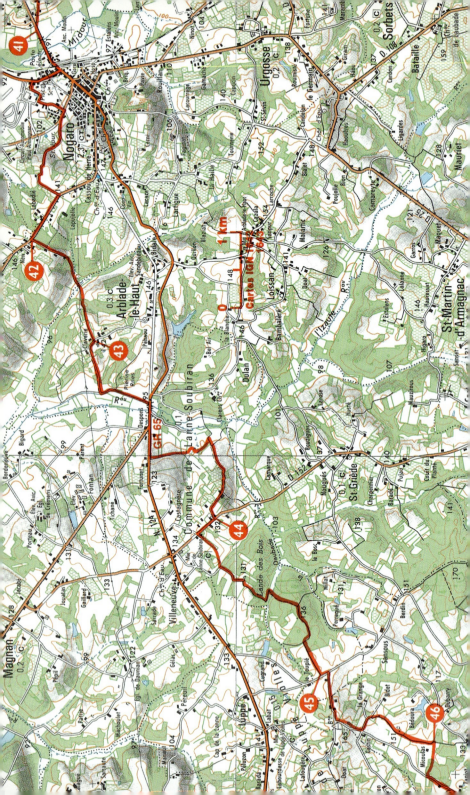

De **Nogaro** au pont sur l'Izaute

A Nogaro :

De Nogaro à Aire-sur-l'Adour, l'ancien chemin de Saint-Jacques se confond par endroits avec l'actuel tracé de la N 124. Le GR® 65, lui, serpente tantôt entre champs, vignes et bosquets, tantôt dans des chemins encaissés. Le Bas-Armagnac contraste avec les paysages dégagés de la vallée de l'Adour.

Le GR® ne pénètre pas dans le centre de **Nogaro.** Après le passage à niveau, tourner à droite sur la N 124. Après la scierie, se diriger à gauche pour passer devant le gîte d'étape. Prendre à droite la D 147 sur 50 m, puis suivre à gauche une petite route étroite et sinueuse. Emprunter ensuite à droite la D 143 sur 700 m.

42 Après les maisons, suivre à gauche un chemin caillouteux, franchir la Jurane, continuer vers la ferme de Claverie située sur une crête.

43 Tourner à droite puis à gauche. Parvenir à l'Izaute et la suivre sur sa rive droite jusqu'au **pont sur l'Izaute**.

Du pont sur l'Izaute à la ferme Lacassagne

Passer le **pont sur l'Izaute** et emprunter la N 124 sur 600 m. Tourner à gauche sur un chemin de terre ombragé, le suivre jusqu'à une ferme, poursuivre tout droit en direction de Lanne-Soubiran.

44 Prendre à droite la D 152 sur 500 m, bifurquer à gauche sur un chemin vicinal pour aboutir dans la Lande des Bois. Quitter la vallée de la Daubade par un chemin forestier en suivant le balisage qui traverse le bois de la Rigade.

45 Déboucher sur une voie communale, la prendre à gauche, puis à droite, emprunter le chemin communal goudronné qui conduit aux allées des fermes de La Grange et Bidet. Suivre à droite un chemin de terre sur 1 km. Poursuivre jusqu'à l'ancienne ferme de Micoulas (située sur la droite et au-dessus du GR®).

46 Obliquer à droite, longer les vignes puis pénétrer dans un bois pour déboucher sur une route. La prendre à gauche et poursuivre par la D 169 sur 150 m. Atteindre la ferme Tapio. Tourner à droite sur un chemin descendant vers le ruisseau des Payroutas.

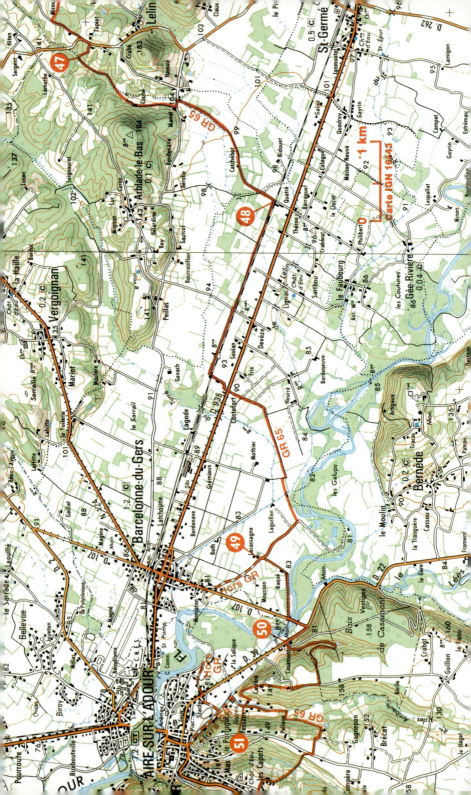

47 Suivre à gauche le sentier (*boueux à certaines périodes*) sur 1,5 km pour aboutir à la ferme de Manet. Emprunter la route à gauche puis prendre à droite un chemin rural conduisant à la voie ferrée.

48 Longer celle-ci sur 2,5 km, tourner à gauche, traverser la D 935. Continuer tout droit le long d'un canal d'irrigation. Prendre à droite, puis à gauche, franchir le canal sur une passerelle en béton. Poursuivre tout droit. Tourner à droite sur le chemin goudronné en direction de la **ferme Lacassagne**.

De la ferme Lacassagne à Aire-sur-l'Adour `3 km` `45 mn` ▭

Aire-sur-l'Adour (Hors GR) : ⌂ 🏛 ⛺ 🛒 ✕ ℹ 🚌

> Hors GR pour **Barcelonne-du-Gers** `2 km` `30 mn`
>
> *A Barcelonne-du-Gers :* 🏛 ⛺ 🛒 ✕ 🚌
>
> Bastide du début du 14e siècle sur les dépendances d'un important hôpital pour pèlerins. Très vaste place centrale de la Garlande réservée aux foires à bestiaux
>
> Au croisement, continuer tout droit puis emprunter la D 107 jusqu'au village.

49 Le GR® 65 tourne à gauche avant la **ferme Lacassagne**, passe à la ferme Baqué et rejoint la D 107 au pont sur l'Adour qu'il franchit. Emprunter à droite la D 39 sur 350 m.

50 Au lieudit Casamont, tourner à gauche vers la forêt communale de Barcelonne-du-Gers, puis à droite sur la route du Lac (tables de pique-nique abritées) poursuivre sur le sentier dans la forêt. Prendre ensuite la route vers la droite puis le sentier à gauche de Castéra (point de vue). Une descente raide ramène à la route à l'entrée d'**Aire-sur-l'Adour**.

> Hors GR pour le **quartier de la Plaine** `1 km` `15 mn`
> ⌂
> Tourner à droite.
>
> Hors GR pour le centre d'**Aire-sur-l'Adour** `1 km` `15 mn`
>
> ⌂ 🏛 ⛺ 🛒 ✕ ℹ 🚌
>
> Aire-sur-l'Adour est une très ancienne cité, la *Vicus Julii* des Romains, nom donné par César, devenu ensuite le fameux *Atura*. Résidence d'Alaric II, roi des Wisigoths au 5e siècle.
> Ex-évêché, cathédrale du 12e siècle remaniée plusieurs fois. Eglise gothique du Mas, sur l'emplacement de l'abbaye bénédictine de Sainte-Quitterie. Remarquable porche sculpté qui fut détérioré par Montgomery en 1569. Vaste crypte romane où apparaissent quelques dalles d'un ancien temple du dieu Mars.
>
> Sainte-Quitterie : selon la tradition, c'est à quelques centaines de mètres de l'enceinte romaine d'Aire, au flanc d'une colline, que sainte Quitterie aurait été martyrisée. C'était une princesse gothe dont le rayonnement s'est étendu aussi bien en Espagne qu'au Portugal. Comme saint Denis, la princesse martyre a ramassé sa tête que le bourreau venait de trancher. Le sarcophage en marbre blanc dans la crypte de la basilique a contenu ses reliques.

Le vignoble de Tursan

Le Tursan est connu pour sa production viticole. Le Tursan est un vin réputé qui existait au moment de la domination anglaise. Exporté au 12e siècle vers l'Angleterre, vers l'Espagne et vers l'Europe du Nord, il bénéficie actuellement de l'appellation « vin délimité de qualité supérieure ». La région produit des vins blancs, rouges et rosés dont les cépages (baroque, tannat et cabernet) poussent sur des sols caillouteux et de molasses calcaires. La commercialisation de ce vin est assurée par la cave coopérative de Beaune, créée en 1957.

Vendanges du Tursan, vin des Landes.
Photo F. Ducasse/Zapa.

L'habitat dans les Landes

L'habitat rural, souvent dispersé, se caractérise par la présence de fermes importantes, comprenant la maison d'habitation et les dépendances nécessaires à la diversité de la production, à la culture et à l'élevage. Les maisons d'habitation sont généralement de plan carré, à un étage, avec un toit à faible pente à tuiles canal. La façade principale est orientée à l'Est. Les dépendances, servant d'étable ou de grange, sont parfois l'ancienne maison d'habitation aux murs en torchis et bois. Des hangars sont ajoutés à l'ensemble pour abriter le matériel agricole. L'aspect rural de cette région explique qu'il y ait beaucoup de fermes clairsemées dans tout le pays, et seulement quelques petits villages perchés. Dans la maison landaise traditionnelle telle qu'on peut la voir à l'écomusée de Marquèze, la longue table rectangulaire prend place devant l'âtre, généralement face à la fenêtre, de façon à bénéficier au maximum de la lumière du jour. Le porte-casseroles est fixé au mur, à proximité du fourneau, tandis que les objets chers à la maisonnée sont

L'armoire à linge, en pin des Landes.
Photo P. Tetrel/Explorer.

Vieille maison landaise. *Photo M. Huteau/Zapa.*

disposés bien en vue sur la tablette de la cheminée.

Le vaisselier est garni de simples plats en terre cuite qui ont longtemps constitué l'essentiel de la vaisselle paysanne : la faïence n'est apparue sur la table de la maison rurale qu'au 19e siècle.

Autrefois, la chambre à coucher n'était pas chauffée et comportait souvent plusieurs lits : aussi les rideaux étaient-ils doublement utiles. La literie comprenait une paillasse remplie de feuilles de maïs et une couette garnie de duvet d'oie.

Des sorcières à l'honneur

Les légendes landaises ont failli disparaître à jamais, parce qu'elles n'étaient pas écrites et n'étaient plus racontées non plus par les vieux des villages. En effet, les veillées représentaient la mémoire collective des paysans landais. Ils avaient pour habitude de se réunir dans la vaste pièce centrale de la *meysoun* (maison). La *coterie* (le voisinage) se regroupait pour dépouiller le maïs ou filer le lin et écouter les conteurs.

C'est aussi au lavoir que les commères racontaient aux enfants les légendes des sources et des fées. Enfin, les « assemblées », les foires locales, constituaient l'occasion propice pour apprendre ce qui se racontait de nouveau d'un village à l'autre.

La sorcière était souvent à l'honneur, chacun évoquant des maladies transmises par ces jeteuses de sorts, évaluant l'efficacité des divers moyens curatifs.

On dit qu'à la fontaine miraculeuse de Pontenx, qui existe toujours au hameau des Bourricos, un trésor est caché. Les gens interrogés racontent parfois l'inquiétante légende qui s'y rattache… « Plus tard vint un autre étranger. Sans doute savait-il qu'un trésor existait là. Il fit de longues recherches, mais ne trouva rien. Et, comme tant d'autres, il disparut dans la fontaine. Le trésor, on le dit, s'y trouve toujours ! »

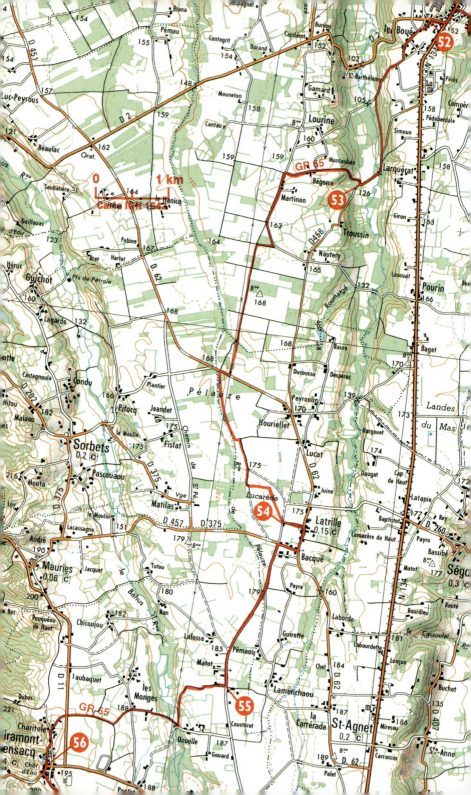

D' Aire-sur-l'Adour à Latrille `13,5 km` `3 h 15`

51 Avant l'entrée d'**Aire-sur-l'Adour**, prendre la route à gauche, traverser le lotissement et continuer par un sentier longeant le ruisseau des Arribauts. A l'Escloupé, rejoindre la route. Suivre la rue du Château d'Eau vers la gauche, puis la N 134 à gauche. Au rond-point, emprunter la D 2 sur 250 m.

52 A la hauteur du lycée d'Aire, prendre la direction Sud-Ouest pour traverser le quartier du Boué, longer le lac par l'Est, emprunter vers le Sud la D 456.

53 Suivre à droite un chemin rural qui monte à Bégorre. Tourner à gauche (Sud) pour pénétrer dans une zone remembrée, traverser la D 62. Rejoindre **Latrille**.

De **Latrille** à **Matot** `3 km` `45 mn`

Eglise de Latrille 16e avec clocher-pignon à arcades.

54 Traverser **Latrille**. Poursuivre jusqu'à la maison Cordonnier, près du hameau de **Matot**.

De **Matot** à **Miramont-Sensacq**  `3 km` `45 mn`

A Miremont-Sensacq :

55 Au Sud de **Matot**, tourner à droite, traverser le ruisseau le Bahus. Couper la D 11. Du quartier Charitole, rejoindre à gauche l'église de **Miramont-Sensacq**.

Panorama sur le Tursan et sur les Pyrénées. Tumulus néolithiques (âges de bronze et du fer). L'église de Miramont est remarquable pour son clocher-pignon.

Le pèlerin et les péages

Il fallait payer à Sauveterre-de-Béarn.
Photo F. Ducasse/Zapa.

Au 12e siècle, le *Guide du pèlerin* se plaint avec véhémence du comportement des péagers à l'égard des pèlerins : « Il faut savoir que les percepteurs de péages ne doivent rien demander aux pèlerins et que les passeurs ne peuvent exiger, comme prix de traversée, plus d'une obole pour deux personnes, si ce sont des riches ; et une seule pour un cheval ; et si ce sont des pauvres, rien du tout ». Au lieu de cela, certains péagers rançonnent littéralement les pèlerins, allant jusqu'à « les fouiller dans leurs culottes » pour leur prendre leur argent. Picaud n'a pas de mots assez durs pour ces individus. Il n'hésite pas à donner leurs noms et à mettre en cause le roi d'Aragon en personne qui, pourtant, en 1076, avait fait préciser dans le tarif des péages de Jaca et Pampelune : « aux pèlerins, que l'on ne prenne rien du tout ». A. Picaud va jusqu'à demander que ceux qui, en

contradiction avec ses ordres, feraient payer le passage, soient excommuniés et que cette sentence soit exécutée dans la cathédrale de Compostelle, en présence de la foule des pèlerins. Dans les siècles suivants, la situation ne semble guère avoir évolué. Hermmann Künig, au 15e siècle, signale les péages de Sauveterre-de-Béarn et aux ponts sur les Gaves. Jean de Tournai, dans les premiers jours de janvier 1488, est plus précis : « à un quart de lieu après ladite ville (Sauveterre-de-Béarn), il convient passer deux bacs à un quart de lieue l'un près l'autre, et convient payer pour chacun homme à chacun bac ». Le bourgeois valenciennois ne s'en étonne pas davantage : rémunérer un service lui paraît naturel, dès lors que le tarif est raisonnable. Il commence à s'étonner – pour ne pas dire à s'indigner – lorsque les péages s'enchaînent après Sauveterre. Il y a là, à n'en pas douter, une situation locale exceptionnelle. Le grand nombre des pèlerins rassemblés sur les chemins à l'approche du franchissement des Pyrénées faisait d'eux des victimes toutes désignées pour les péagers abusifs, déjà voués à l'excommunication par Aimery Picaud. Il faut ainsi payer à Sauveterre-de-Béarn, à Saint-Palais, à Ostabat et à Saint-Jean-Pied-de-Port.

Mais le péage n'est rien, comparé à la méthode employée pour extorquer de l'argent au pèlerin. Jean de Tournai achève ainsi le récit de son étape du 5 janvier de Sauveterre à Saint-Jean-Pied-de-Port : «... il y a à l'entrée des villes des garçons qui attendent les pèlerins et passans, lesquels vous prennent par la manche et les mainent es maisons de ceux qui tiennent lesdits impoz... et si on ment de une seule pièce, et on soit trouvé en bourde, car il est en eux de vous faire esplucher ou de eux-mêmes vous esplucher, tout l'or et l'argent que vous portez sur vous est perdu...

la manière est fort mauvaise car a cela on sait si une personne a argent ou non et combien... ».

Ce récit (en complète conformité avec celui d'un pèlerin anglais anonyme de la même époque) contredit l'idée reçue d'une prétendue exemption systématique de péages en faveur de ceux qui vont revêtus de l'habit de pèlerin. En droit canonique, cette exemption existait bel et bien, certains rois avaient tenté de la faire passer dans la pratique. En réalité, la règle était allégrement violée. Il y avait là pour les seigneurs locaux des proies trop faciles et de trop importantes sommes à gagner ! Si ces derniers avaient consacré les sommes ainsi perçues à l'entretien de la route et à assurer la sécurité des voyageurs, comme cela aurait dû être juridiquement le cas, c'eût été moindre mal. Hélas, il semble bien que les seigneurs n'aient eu cure des chemins et des voyageurs, et que les péages constituaient pour eux une source de revenus comme une autre...

Un autre péage était obligatoire à Saint-Jean-Pied-de-Port. *Photo E. Follet.*

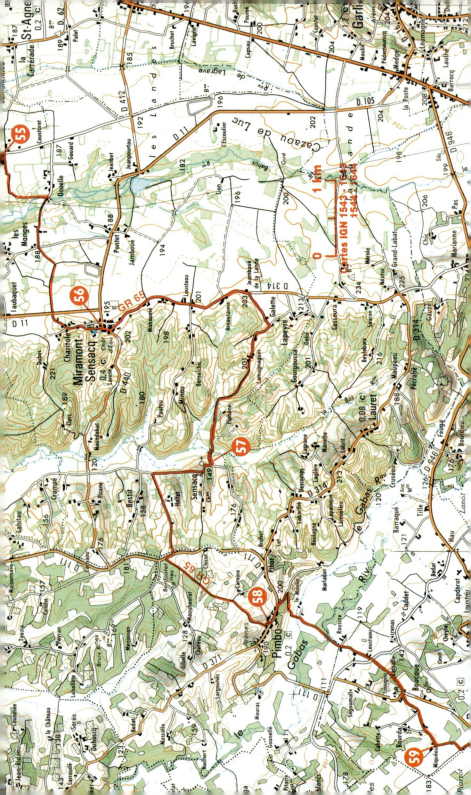

De **Miramont-Sensacq** à l'église de Sensacq ````4,5 km`` `1 h 15`

56 Traverser le village de **Miramont-Sensacq** et descendre par la D 314 vers le Sud. Au lieu-dit Jamboué-de-la-Lande, monter à Galette à droite, puis redescendre par les collines jusqu'à l'**église de Sensacq**.

De l'église de Sensacq à **Pimbo** `4 km` `1 h`

L'église de Sensacq, de style roman (début du 11e) était autrefois placée sous le vocable de saint Jacques. Elle possède des fonts baptismaux par immersion.

57 Emprunter la route vers le Nord sur 700 m et tourner à gauche sur un chemin empierré. Prendre la D 111 à droite sur 100 m. Descendre dans le bois à gauche puis remonter jusqu'au bourg de **Pimbo**.

De **Pimbo** à **Miquéou** `2,5 km` `40 mn`

Pimbo est l'une des plus anciennes bastides des Landes. Elle fut construite vers 1268 à la suite d'un partage de seigneurie entre Thomas d'Yppegrave, sénéchal de Gascogne, et l'abbé de la collégiale, Arnaud de Sanguinet. Il a existé dans le bourg trois églises dédiées respectivement à Notre-Dame, à sainte Marie-Madeleine et à saint Barthélemy. Seule cette dernière subsiste : elle possède un portail et des chapiteaux romans. A l'extrémité Ouest du village, vestiges d'une enceinte circulaire de 20 m de diamètre qui dominait un fossé-fortification construit par les Anglais.

Prendre la D 371 à gauche. A la croix, le GR®65 bifurque à droite.

58 S'engager à droite sur un sentier descendant à un ruisseau ; 500 m plus loin, franchir le Gabas. Continuer par la petite route sur 1,3 km jusqu'au carrefour avec la D 32 (au Nord de Boucoue).
A la croix de Boucoue, prendre à droite le petit chemin qui passe à la ferme de **Miquéou.**

De **Miquéou** à **Arzacq-Arraziguet**   `3 km` `45 mn`

A Arzacq-Arraziguet :

59 De **Miquéou**, continuer vers le Sud. Suivre à droite la D 32 puis la D 946. Après la carrosserie, le GR 65 quitte la départementale pour monter la côte Camot à droite. Il rejoint la D 944 au centre d'**Arzacq-Arraziguet**.

D'**Arzacq-Arraziguet** à **Louvigny**   `4 km` `I h`

L'église paroissiale Saint-Pierre d'Arzacq-Arraziguet abrite une Vierge en bois datée de 1638 et un vitrail Saint-Jacques. « Les armoires de la ville sont de gueule au lévrier courant d'or, surmonté d'un croissant. La clé est d'azur, chargée de trois coquilles d'or ».
Le village a pour origine une bastide fondée par les Anglais au 13e ou 14e siècle ; l'ancienne église ne s'élevait pas à l'emplacement de l'édifice actuel, mais au milieu du cimetière. Il existait aussi une chapelle dédiée à saint André, à proximité de la nouvelle route d'Orthez, ainsi qu'un établissement de Templiers. Voir la tour du Peich, ou tour de Louis XIII. Il faut noter qu'au temps de ce roi, Arzacq n'était pas en Béarn, mais en France. Aussi y passa-t-il sa dernière nuit avant de venir imposer ses volontés au parlement de Pau, huguenot et récalcitrant. Les noms Luy-de-Béarn et Luy-de-France, qui désignent deux petites rivières frontalières, en témoignent.

Dans **Arzacq-Arraziguet**, traverser la D 944. Pénétrer en face dans la ruelle *Chemin de Saint-Jacques* le long de la banque du Crédit Agricole. Contourner le lac par la gauche et continuer à longer pour monter dans le bois (Sud-Ouest).

60 A la route, tourner à droite. Après les fermes Labalette et Cabirou, descendre vers le Luy-de-France. Franchir deux ponts et atteindre l'église Saint-Martin de **Louvigny**.

De **Louvigny** à **Larreule**   `7,5 km` `I h 50`

Louvigny était autrefois un vicomté qui possédait un château fort longtemps inféodé aux Anglais. Il fut détruit une première fois en 1453, reconstruit en 1459 et définitivement rasé deux siècles plus tard sur l'ordre de Richelieu.

Longer l'église de **Louvigny** pour suivre la route sur 250 m puis monter en pleine pente le chemin de Lassoulade vers le hameau de Lou Castet où s'élevait l'ancien château. Prendre la route (Sud) vers le cimetière.

61 Au carrefour de Moundy *(calvaire)*, prendre à gauche le chemin Pédebignes et monter Sud-Est. Suivre la crête sur 1,3 km *(vue à l'Est sur le clocher de Garros, village connu autrefois pour ses poteries artisanales)*.

62 Quitter la crête et descendre dans le vallon où naît le ruisseau de la Rance. Le chemin s'élève en lacets vers Fichous-Riumayou. A l'église *(église romane, deux chrismes)*, emprunter à gauche la D 279 sur 150 m. Devant l'école, s'engager à droite sur le chemin de **Larreule**.

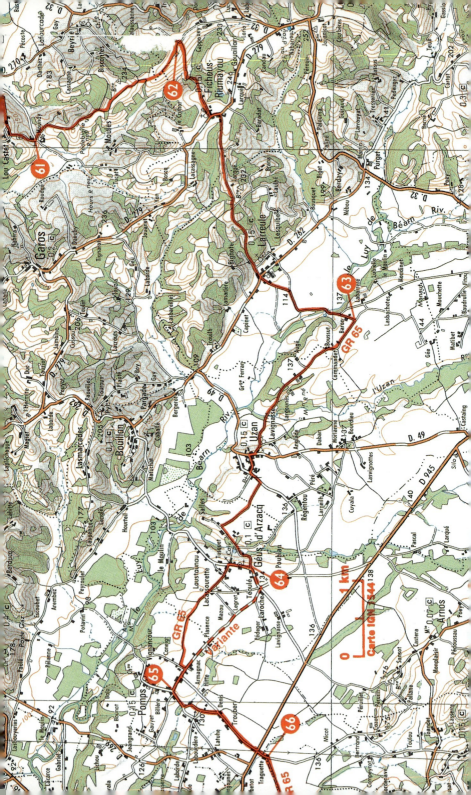

De **Larreule** à **Pomps**

`8 km` `2 h`

A Pomps :
A Uzan :

L'église Saint-Pierre de Larreule est en partie romane ; à voir : une statue de saint Loup et un Christ en bois. Il avait été fondé en ce lieu, vers 995, une abbaye bénédictine qui, très prospère au Moyen Age, était une étape importante pour les pèlerins de Saint-Jacques (la *réüle* en gascon veut dire « la règle », nom trouvé près de Maubourguet sur le chemin d'Arles, et aussi à La Réole). Les destructions de 1569 provoquèrent sa décadence et sa suppression fut décidée en 1773. Ancienne « ville-neuve », le village a gardé ses fossés.

Couper la D 262 et quitter **Larreule** par la route de Mazerolles. Retraverser le Luy-de-Béarn. Après le pont, à l'intersection, rester à droite.

63 Après la maison Baron, au carrefour, tourner à droite, route d'Uzan.

Eglise Sainte-Quitterie ; juste à côté fontaine consacrée à la même sainte, très vénérée dans la région. Le roi Edouard 1er d'Angleterre et la reine Aliénor firent étape ici le 21 mars 1289, au retour de leur voyage, après les entretiens avec le roi d'Aragon organisés par le vicomte de Béarn.

A Uzan, suivre à droite la D 49 sur 100 m. Bifurquer à gauche (Ouest) vers la chapelle Géus-d'Arzacq.

▶ En période de pluie, il est possible d'utiliser la route directe vers Pomps par les propriétés Laroche et Plasence (*tracé en tirets sur la carte*).

64 Suivre une route, direction Nord puis Nord-Ouest, qui dessert Lacassourette et, par des chemins de terre, gagner l'entrée de **Pomps.**

De **Pomps** à la **chapelle de Caubin**

`7 km` `1 h 45`

Eglise Saint-Jacques-le-Majeur de Pomps : statue de saint Jacques. Château du 17e siècle possédant une tour octogonale ancienne.

Hors GR pour le **château de Morlanne** `3 km` `45 mn`

Château fort 14e, restauré et meublé, douves, donjon.

Se diriger au Nord de Pomps et suivre le balisage.

65 A **Pomps**, emprunter vers le Sud-Ouest une route, traverser la D 945.

La chasse à la palombe

La chasse à la palombe en Béarn.
Photo E. Follet.

Au mois d'octobre, Béarn et Pays basque sont en ébullition. En effet, c'est à cette époque que passent ces pigeons ramiers migrateurs qui, au sud de la Loire, prennent le nom de palombes. Chaque automne attire dans la région les passionnés de cette chasse collective qui se pratique selon diverses méthodes. Des palombières aménagées sur les crêtes permettent le tir au vol à partir de postes fixes. Mais ce mode de chasse génère un faible rendement et on lui préfère une tactique plus élaborée à partir de palombières, sorte de plate-forme surélevée, généralement escamotée dans les arbres. Il existe également d'anciennes tours de pierre au sommet desquelles dix à vingt hommes peuvent se tenir. On en compte dix au total entre le Béarn et le Pays basque. Les oiseaux se laissent attirer par une palombe captive ou des pigeons domestiques posés sur des perchoirs, et se retrouvent à portée des fusils, chasse le plus couramment pratiquée. Mais la méthode traditionnelle est la chasse au filet que l'on dit imaginée par les moines de Roncevaux. Les chasseurs lancent des palettes en bois peintes en blanc, simulant le vol des éperviers, et s'accompagnent de cris tonitruants et de tournoiement de bâtons emplumés. Les palombes sont ainsi rabattues vers un col où les attend un système de filets : une *pantière*. Puis les filets sont abattus et les chasseurs experts tuent les oiseaux d'un coup de dent derrière la tête. Particulièrement efficace, cette chasse a été interdite, à quelques exceptions près par respect pour la tradition.

Troupeaux du Béarn

Le blason béarnais portant deux vaches, souvent peintes en rouge, incarne la vocation pastorale de cette ancienne terre de transhumance. La légende raconte que le vicomte de Béarn aurait lancé un défi à l'évêque de Lescar qui possédait un ours, selon lequel le plantigrade serait vaincu par une des vaches de Morlaas. La vache l'emporta sur l'ours et devint par la suite l'emblème du Béarn. Portant haut ses cornes en forme de lyre, la vache à robe blonde des Pyrénées, issue des blondes d'Aquitaine, est d'une race rustique et solidement charpentée, parfaitement adaptée aux conditions naturelles du pays béarnais. Jadis, les vaches allaient à l'avant des troupeaux de transhumance, pourvues de leurs grosses cloches de route décorées au poinçon et de leurs colliers d'apparât en bois de frêne ou en cuir. Venaient ensuite les brebis, marquées de bleu ou de rouge et résonnant de leurs « sonnailles ». Pour fermer le cortège, suivaient parfois des chèvres à poil long, des juments, des ânes ou des mulets.

Aujourd'hui encore, les troupeaux de moutons quittent la vallée en mai pour la moyenne montagne, avant de migrer en juillet vers la haute montagne. Les ovins sont précieux pour la laine, la viande et surtout le lait, réquisitionné pour la fabrication du roquefort.

Les sonnailles

Les gestes du fondeur de sonnailles ou *esquirré* n'ont pas changé depuis le 18e siècle. L'artisan découpe une feuille de tôle, la plie avant de la façonner au marteau et de la souder en plusieurs endroits. Après avoir formé les « oreilles », on place à l'intérieur de la cloche l'anneau qui portera le battant, puis l'anse vient s'insérer entre les deux oreilles rabattues. Les sonnailles sont cuites dans un four à environ 1500 °C, seize heures durant, après avoir été incluses dans un pain d'argile et de paille hachée contenant des particules de laiton. Celui-ci fixe et amplifie le timbre de la cloche. Après quoi le fondeur de sonnailles fait tinter la cloche et ajuste sa note en martelant avec doigté son flanc et son ouverture. On raconte que le tintement des sonnailles permet à certains bergers de déceler la brebis qui manque parmi un millier de bêtes.

Fabricant de sonnailles en Béarn.
Photo F. Ducasse/Zapa.

Vin de Béarn et vin de roi

Le Jurançon est un vin blanc AOC.
Photo R. Rosenthal/Zapa.

Rendu célèbre parce qu'il servit à baptiser le futur roi Henri IV, le jurançon est un vin blanc AOC, à la robe ambrée et au goût de noisette, qui peut être sec ou moelleux. Trois cépages peuvent produire le vin de Jurançon : le petit manseng, le gros manseng et le courbu. Né au Moyen Age dans le sillage des monastères, son vignoble, reconstitué après les ravages du phylloxera, est aujourd'hui en pleine renaissance.

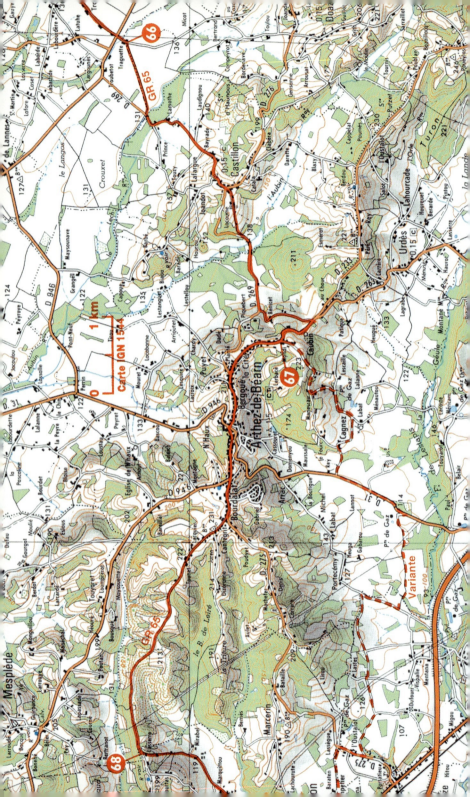

66 Derrière la première maison, s'engager à droite sur un chemin devenant sentier. Accéder à la D 269 pour franchir le pont sur le Lech. Au second pont, suivre vers la gauche pour gagner Castillon *(il y existait un hôpital pour voyageurs et pèlerins, déjà mentionné au 11e)*. Laisser la D 269 pour un raccourci vers la ferme Lacoume. Revenir sur la D 269 pour franchir le pont sur l'Aubin. Continuer sur 1 km avant de prendre à gauche le chemin de Bénicet.

▶ On peut accéder directement (non balisé) à Arthez-de-Béarn en 30 mn en poursuivant sur la D 269 pendant1 km.

A la D 233, tourner à droite vers la **chapelle de Caubin**..

De la chapelle de Caubin à Arthez-de-Béarn `2 km` `35 mn`

A Arthez-de-Béarn : 🏠 ⛺ 🛒 🍴 ☕ 🚌

La chapelle de Caubin est le vestige d'une importante commanderie des Hospitaliers de Saint-Jean. Elle est romane, construite sur l'ordre de Gaston IV de Béarn à son retour de croisade. Le clocher-mur est abrité par un toit à quatre pans. Il subsiste de très beaux chapiteaux et un gisant (chevalier d'Andoins) dans un enfeu gothique du 15e. La chapelle a été remarquablement restaurée sous l'impulsion de l'association des Amis de Caubin ; elle s'élève au cœur de la campagne arthézienne, fortement vallonnée, et dans la partie Est du jardin qui l'entoure, un monument rappelle, par ses sculptures de coquilles, le passage des pèlerins de Saint-Jacques. Source signalée à proximité.

Dépasser la **chapelle de Caubin** en restant sur la D 233 (Nord-Ouest).

▶ Départ, à gauche, de la variante non balisée par la chapelle de Cagnez, le Cami Salié et Argagnon décrite page 93.

67 Continuer jusqu'au centre d'**Arthez-de-Béarn.**

D'Arthez-de-Béarn à Maslacq `9,5 km` `2 h 20`

A Maslacq : 🏠 🏛 🛒 🍴 🚌

Vestiges des remparts d'Arthez-de-Béarn, tour médiévale servant de clocher à l'église plus moderne.

Dépasser la mairie. Après la gendarmerie, à la fourche *(croix)*, se diriger à droite (Nord-Ouest) sur une route devenant chemin de crête pour traverser le bois de Leire. Après la première ligne à haute tension, déboucher dans le coude d'une route à la propriété Lasserre.

68 Descendre à gauche dans le fond du vallon. Laisser les divers accès aux propriétés privées. Passer la seconde ligne à haute tension et franchir un pont. Au carrefour, poursuivre en face vers l'église d'Argagnon.

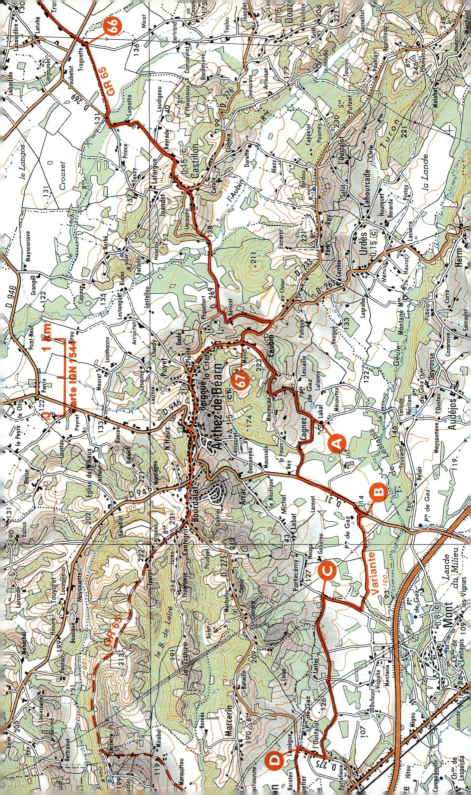

Variante

De la chapelle de Caubin à la chapelle de Cagnez `2,1 km` `30 mn`

67 Après la **chapelle de Caubin**, quitter le GR®65 et la D 233 pour tourner à gauche sur une petite route, à travers bois, vers la **chapelle de Cagnez**.

De la chapelle de Cagnez au Cami Salié   `4 km` `1 h`

Chapelle de Cagnez 11e ou 12e. Chevet semi-cylindrique, mur clocher à colombages. Sur le même plan que Caubin mais sans autres sculptures que les marques de tâcherons, cette ancienne église paroissiale reste un témoignage émouvant du Chemin, qui jadis continuait au Sud vers le gué de Lendresse, sur le Gave de Pau, au pied du sanctuaire de Muret. Les dix-huit familles de Cagnez se sont cotisés pour la sauver.

A De la **chapelle de Cagnez**, revenir sur 100 m au Nord. Au carrefour, prendre à gauche le chemin vers l'Ouest qui débouche sur la D 31. La suivre au Sud sur 1 km.

B Après le bois à gauche avec un puits de gaz, prendre à droite un chemin empierré sur 1 km. Déboucher sur un chemin goudronné. Le remonter au Nord sur 500 m jusqu'à l'intersection avec le **Cami Salié**.

Du Cami Salié au GR® 65   `3,5 km` `50 mn`

Ancien chemin du sel (*sal* en béarnais), protohistorique puis médiéval, le Cami Salié permettait à des caravanes de marchands d'acheminer le sel naturel produit à Salies-de-Béarn, en suivant le rebord du plateau du Pont-Long.

C Au croisement, prendre à gauche le **Cami Salié**. Suivre le pied de la colline sur 2 km. Déboucher sur la D 275 et la remonter sur 400 m à droite (Nord).

D A l'angle de la maison, tourner à gauche sur le chemin. Poursuivre jusqu'au pied de la côte d'Argagnon et rejoindre le GR®65 et la N 117 au lieu-dit Maysonnave.

L'église d'Oloron Sainte-Marie est un modèle de l'art roman en Béarn.
Photo R. Rosenthal/Zapa.

Le manque de documents écrits ne permet pas de discerner, dans l'art roman en Béarn, la part exacte de l'influence des routes de pèlerinage. En effet, les églises romanes, en Béarn, furent toutes construites après le milieu du 11e siècle (la plus ancienne étant Sainte-Croix-d'Oloron), probablement élevée en 1078 et 1089), à une époque où les chemins de Saint-Jacques conduisant au Somport étaient particulièrement fréquentés. Cela ne signifie pas que leur architecture dépende exclusivement de l'existence des chemins de Compostelle, mais l'influence du pèlerinage paraît évidente.
Quelques caractéristiques

architecturales rattachent indiscutablement plusieurs des édifices romans du Béarn au style des cathédrales ou abbatiales situées le long des routes de Saint-Jacques-de-Compostelle : Morlaàs, Lescar, Sainte-Croix-d'Oloron, Lucq-de-Béarn, Larreule. On retrouve partout le même plan d'inspiration bénédictine, avec un transept très peu saillant, le même chevet aux absidioles modestes (mais avec une grande abside où se rencontrent les principaux éléments décoratifs). Le portail est souvent comparable à celui de l'abbatiale de Moissac.

Le voisinage avec l'Aragon et les liens entretenus avec l'Espagne expliquent des influences typiquement mozarabes, c'est-à-dire cet art hispano-mauresque qui se développa dans la péninsule Ibérique au lendemain de la Reconquête, car de nombreux artistes musulmans étaient restés au service de leurs vainqueurs. Certaines coupoles béarnaises témoignent de cette influence. A Sainte-Croix-d'Oloron, il y a un compromis entre la voûte de Cordoue et les couvertures de type aquitain. En revanche, la coupole de l'hôpital Saint-Blaise est directement inspirée de l'art mozarabe : l'entrecroisement des arcs reproduit l'étoile à huit branches. La petite église de Lacommande offre également quelques signes révélateurs de l'influence musulmane : les baies géminées du clocher et divers entrelacs décoratifs sur les chapiteaux. Aux portes de Pau, dans la cathédrale de Lescar, une mosaïque apporte une des meilleures preuves de cet art orientalisant le long des chemins de Compostelle.

Ces chemins représentent un élément fondamental dans l'histoire artistique du Béarn au Moyen Age. Presque tout l'art roman de la Vicomté est lié à leur existence.

Dans la petite église de l'hôpital d'Orion, élevée pour les pèlerins, on peut voir le passage de l'art roman à l'art gothique.

D'après P. Tucoo-Chala
Président de l'Académie de Béarn

Détail du tympan de l'église romane d'Oloron-Sainte-Marie.
Photo F. Ducasse/Zapa.

69 Au monument aux morts, descendre vers la gauche, traverser la N 117. Au lieu-dit Maysonnave, emprunter la D 275 et par les ponts franchir la voie ferrée, le Gave de Pau, puis l'autoroute A 64. Arriver à l'entrée de **Maslacq**.

De Maslacq à Sauvelade   `8 km` `2 h`

A *Maslacq* : 🏠 🏨 🛒 🍴 🚌

A *Sauvelade* : 🏠

Dans **Maslacq**, tourner à gauche sur la D 9 (Sud). Franchir le ruisseau le Géü et quitter la D 9 pour emprunter à gauche une route sensiblement parallèle au Gave de Pau. Après la ruine Guironolé, suivre plein Sud une route à travers bois *(chemin historique)*.

70 En haut de la côte, parvenir au croisement du chemin du sanctuaire de Muret.

Sur un promontoire, à proximité du GR®, s'élève la chapelle de Notre-Dame-de-Muret, un oratoire néobyzantin de 1936, mais qui rappelle la présence dans le même lieu d'un des plus anciens sanctuaires béarnais. Il avait été bâti à la moitié du 11e siècle par Raymond le Vieux, évêque de Gascogne, puis il disparut totalement, mais le champ s'appelait toujours *lou Coubén de Muregt* quand on construisit la chapelle actuelle. Ses fondations permirent de retrouver quelques vestiges du premier monument.

Le GR parvient ensuite à la ferme Lestelle (abandonnée) et rejoint la D 9.

▶ Au-delà de cette route, le chemin historique se dirigeait droit vers Sauvelade, direction Sud-Ouest, par la ferme Sabaté. Le passage est aujourd'hui interrompu.

Hors GR pour **Lagor**   `3 km`   `45 mn`

🏨 🛒 🍴

Suivre la D 9 vers le Sud-Est.

Traverser la D 9 et faire un bref crochet à gauche pour prendre, à la hauteur d'un abribus, une petite route descendant dans la vallée du Géü jusqu'à un croisement. Se diriger à droite vers la ferme Haut-de-la-Coume. Passer entre les bâtiments et s'engager Sud-Ouest dans un chemin desservant des champs ; il descend à gauche pour traverser le lit boisé d'un ruisseau et remonte au bout de 500 m à la ferme Larqué, d'où une route conduit sur la crête de la colline.

71 Suivre une autre route orientée plein Ouest, qui descend par Nébout dans la vallée du Laà et rejoint la D 110 près de l'abbatiale de **Sauvelade**.

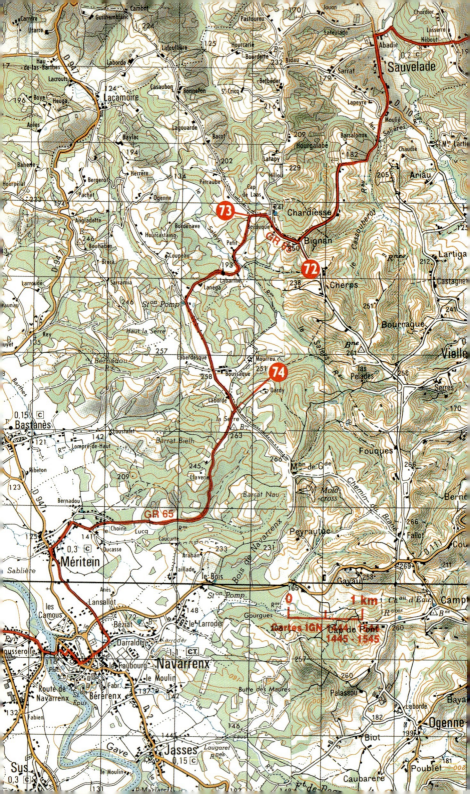

A Sauvelade :

A Navarrenx :

L'église Saint-Jacques-le-Majeur de Sauvelade est le vestige d'une ancienne abbaye fondée sur un terrain donné en 1128 par Gaston IV de Béarn, le croisé.
Le monastère, primitivement bénédictin, fut repris par une colonie cistercienne de l'abbaye de Gimont, vers 1286. Il devait être ravagé par les Huguenots en 1569, restauré après 1630, puis vendu lors de la Révolution en 1793. Abside et absidioles romanes, bénitier fait d'un tronçon de colonne gallo-romaine et statue de saint Jacques.

A **Sauvelade**, le GR® 65 emprunte la D 110 sur 1 km vers le Sud. Au carrefour, prendre (Sud - Sud-Ouest) le chemin encaissé qui descend dans un vallon et rejoint une crête qu'il suit pour passer devant la maison Chardiesse.

72 Après une maison béarnaise restaurée (ex-ferme Bignan), l'itinéraire oblique à l'Ouest-Nord-Ouest. A une bifurcation, 600 m plus loin, emprunter la route de gauche sur 300 m.

73 La quitter pour prendre vers le Sud une piste goudronnée. Passer le ruisseau le Saleys et monter à la ferme Labarthe. Laisser celle-ci à gauche pour s'élever Ouest puis Sud-Ouest jusqu'à la station de pompage. Tourner à gauche (Sud-Sud-Ouest).

74 A la troisième intersection, bifurquer à droite pour descendre, en sous-bois, vers le ruisseau du Lucq. Le longer pour atteindre Méritein. S'engager à gauche sur la D 947 (croix) pour prendre aussitôt une petite route à gauche. Traverser la D 67 par le souterrain et suivre à droite la D 111 pour entrer dans la cité de **Navarrenx**.

La maison béarnaise

De vastes dimensions, la maison béarnaise bâtie en pierre se caractérise par son toit d'ardoises immense et pointu, à deux ou quatre pentes souvent inégales, débordant sur la façade et relevé par des coyaux (ajoutés aux chevrons pour adoucir la pente du toit) sur ses bords. Caractéristiques des régions montagneuses, les ardoises sont remplacées par les tuiles plates et ocre dans le bas pays. Une grande porte charretière cintrée s'ouvre sur une grange prolongée par les étables et le bûcher. On accède aux pièces d'habitation par un escalier intérieur. Le toit est éclairé par une fenêtre en capucine intégrée dans un pignon triangulaire au-dessus de la porte d'entrée. Il recouvre souvent une galerie de bois à balustrade. Dans le nord-est du Béarn, la pierre est remplacée par la terre séchée ou les galets des gaves maçonnés, tandis que du grès siliceux teinte d'ocre les encadrements des portes et des fenêtres. Il était de tradition de recouvrir les murs de crépi. La toiture est couverte de tuiles plates à picots de teinte brune. En Vic-Bilh et en Saubestre, les maisons de galets rougeâtres, de pisé ou de briques prennent une forme plus allongée. Un fronton couronne la porte d'entrée et les communs reposent sur des structures de bois hourdées en torchis. Certaines fermes voient les pentes latérales de leur toiture s'abaisser à un mètre du sol.

La maison basque

C'est la maison labourdine qui a imposé le style basque avec sa façade blanchie à la chaux sur laquelle contrastent fortement les pans de bois teintés de rouge sombre. La maison de Basse-Navarre ou *etxe* s'avère plus massive, plus austère et plus fière et perd ses colombages au profit de pierres rouges et grises encadrant la porte et les fenêtres. Les murs sont faits de petites briques de terre cuite provenant des sols argileux de la région. Le long passé espagnol de la Basse-Navarre se reflète dans l'encadrement du portail, rappelant les gros moellons de Castille, ou encore dans le panneau de pierre englobant la porte et la fenêtre la surmontant. Tournée au soleil levant, la façade est flanquée de larges balcons circulaires qui servent notamment de séchoirs par temps de pluie. Au nord et à l'est, les murs sont pratiquement aveugles. Un grand portail à trois vantaux permet d'accéder à l'*eskaratze*, sorte de hall de distribution. Au sud, l'habitation est un peu surélevée, partagée entre la cuisine centrée sur la cheminée et deux chambres. Saint-Jean-Pied-de-Port se distingue par ses maisons à deux étages,

Maison basque avec sa façade blanchie à la chaux et ses pans de bois teintés de rouge sombre. *Photo P. Saillans/Zapa.*

offrant un damier de pierres roses et grises où l'on reconnaît les grès rouges de la Rhune. La façade porte souvent le nom du propriétaire, la date de construction et s'orne de dessins symboliques typiquement basques (oiseaux stylisés, fleurs, croix basque, étoiles, cœurs). La toiture en tuiles romaines faiblement inclinée présente deux ou quatre pentes souvent inégales, mais le toit basque se caractérise surtout par sa coiffe très couvrante.

Un cheval préhistorique

Celui qui sillonne le Béarn et le Pays basque a toutes les chances de croiser des pottök, chevaux de petite taille, à poil long et rude, à queue, crinière et barbiche blondes. Ces poneys rustiques seraient peut-être les descendants des chevaux barbus représentés sur les fresques préhistoriques. Avec leur petit gabarit adapté aux galeries basses, ils furent utilisés autrefois pour tirer les berlines dans les mines anglaises et françaises de la région. Leur viande était destinée à la fabrication du saucisson ou du salami. De tempérament très indépendant et d'humeur vagabonde, le pottök est aujourd'hui élevé en liberté. Protégé par une association nationale du pottök, afin de sauvegarder la race et d'éviter qu'il finisse à la boucherie,

Le pottök, poney rustique à Saint-Jean-de-Luz. *Photo R. Zeboulon/Zapa.*

il est également apprécié par les clubs équestres.

Les vautours fauves

Ces oiseaux de rocher, regroupés en rares colonies, hantent les vallées du Béarn et du Pays basque. Réputés pour la violence de leur tempérament, irascibles et querelleurs, ces rapaces carnassiers, qui atteignent un mètre d'envergure, se nourrissent exclusivement de charognes. Menacés de disparition, les vautours fauves sont aujourd'hui respectés par les chasseurs et protégés.

Jeune vautour fauve.
Photo E. Follet.

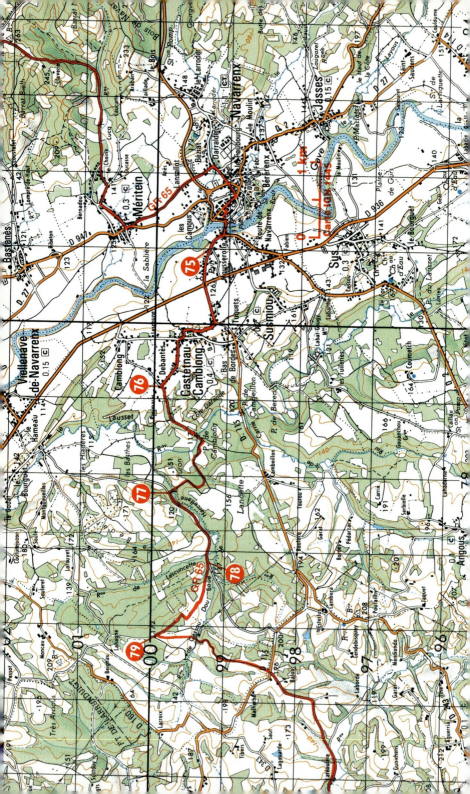

De **Navarrenx** à **Castetnau-Camblong**   2,5 km 35 mn

A Navarrenx : 🏠 🏨 ⛺ 🛒 🍴 ℹ️ 🚌

De l'église de **Navarrenx**, suivre Nord-Ouest les places Darralde et des Armes qui entourent le marché, puis une rue menant à la porte Saint-Antoine, sous les remparts. La traverser et descendre au pont sur le gave d'Oloron (*grande arche 13e*).

Le pèlerin du 12e siècle prenait, en sortant de Navarrenx, à gauche par Susmiou, droit vers le gué de Mongaston. Des suppressions de chemins ont contraint à chercher un sentier au Nord de la D 115. Il n'est pas absurde : le développement de villeneuves ou de bastides, comme Castetnau-Camblong et a fortiori Saint-Palais, ainsi que le pont de Rivehaute, durent infléchir le cheminement des voyageurs.

Sur l'autre rive, par la D 115, monter à droite.

75 Traverser le quartier de la gare. Franchir le rond-point et poursuivre, en face, sur la D 115 vers le hameau inférieur de **Castetnau-Camblong**. Laisser la D 115 pour monter à droite au hameau supérieur.

De **Castetnau-Camblong** au **carrefour forestier**   5,5 km 1 h 35

Castetnau (« château neuf » en béarnais) indique une ville neuve. Camblong (« champ long ») est celui d'un village plus au Nord, devenu très vite hameau. Eglise 17e et à côté, motte féodale 13e. Maisons béarnaises.

Au carrefour (*calvaire*), prendre à droite la rue de l'église et, 100 m après, tourner à gauche sur la route vers l'Ouest.

76 A la croix, descendre à gauche le chemin. Franchir le pont de Camblong sur le Lausset et, 100 m après, bifurquer sur la piste à droite. Marcher 500 m, entrer dans le bois pour traverser le gué sur le Lanebielle. Monter ce chemin puis bifurquer à droite par une sente, avant les palombières. Rejoindre un sentier parallèle et descendre à droite.

77 Passer le pont sur le Harcellane pour tourner à gauche sur une piste goudronnée se dirigeant en forêt.

78 Avant un ponceau sur le Cassol dou Boué, prendre à droite un chemin herbeux pour un nouveau crochet. Après 50 m, à la bifurcation, suivre la branche de gauche (Ouest puis Nord-Ouest) qui s'élève sur un coteau boisé (palombière) et aboutit à un **carrefour forestier**.

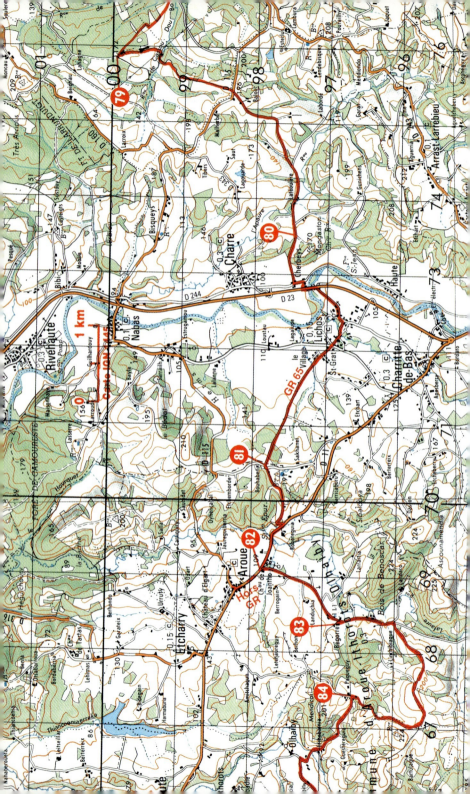

Du carrefour forestier au château de Montgaston `4 km` `1 h`

79 Au **carrefour forestier**, prendre à gauche (Sud) un chemin. Franchir le Cassol dou Boué. Tourner à gauche devant un hangar, puis, après 50 m, reprendre à gauche un chemin qui monte vers la D 115. La traverser vers la droite et poursuivre en face vers Charre. Cette route descend jusqu'au pont sur l'Apaure (114 m) puis remonte sur une distance de 400 m jusqu'à la route d'accès au **château de Mongaston**.

Du château de Montgaston au château de Joantho `6 km` `1 h 30`

Héritier d'une tour qui surveillait le gué du Saison (il n'y avait alors pas d'arbres), le château de Montgaston fut construit au 13e siècle par le vicomte de Béarn Gaston VII Moncade puis eut des seigneurs particuliers. Incendié en 1929, il est restauré par sa propriétaire, Madame Garnier-Collot, aidée d'une association. Restes du donjon, tour polygonale, échauguette.

80 Laisser le **château de Montgaston** à gauche, descendre par la route vers les rives du Saison, aboutir à Cherbeys. A l'entrée de ce hameau (dépendant de la commune de Charre, à 500 m au Nord), tourner à gauche (Sud) en suivant sur 150 m une route goudronnée, puis tourner à droite pour traverser la cour d'une ferme qui donne directement accès à un pont routier sur le Saison.

Du pont, on peut voir à droite le vestige d'une digue sur la rivière. C'est celle de l'ancien moulin, mais sans doute marquait-elle aussi le gué primitif. Un peu plus au Nord, le toponyme Lagalupe indique sans doute qu'il y eut un bac.

Sur l'autre rive, une rampe aménagée dans le talus descend à un chemin de terre, puis de goudron, qui mène à Lichos (*où naquit saint Grat, premier évêque d'Oloron lors du concile d'Agde en 506*).

Près de l'église rurale et devant une maison datée de 1651, prendre à gauche et, 50 m plus loin, à droite. Franchir le pont sur le ruisseau le Borlaàs, traverser la D 23 et emprunter en face sur 1,8 km, un chemin goudronné Nord-Ouest (*parcours historique*).

81 Au carrefour, près de la ferme Bouhaben, grimper tout droit (Ouest) sur 50 m puis abandonner le goudron pour un sentier herbeux, toujours en face. Longer un bois, traverser des prés séparés par une clôture, longer une vigne. A la ferme Belabua, utiliser un chemin, puis emprunter vers le Nord-Ouest la D 11 jusqu'au **château de Joantho**.

Le château de Joantho est du 18e siècle. Privé.

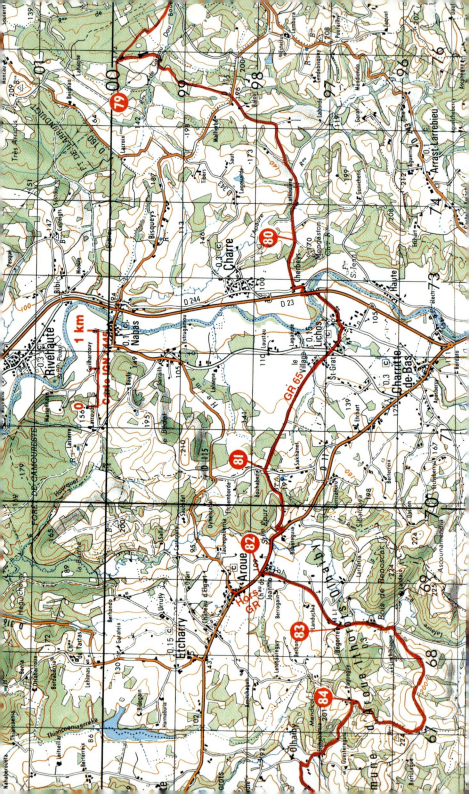

Hors GR pour **Aroue** `500 m` `10 mn`

A Aroue :

Eglise Saint-Etienne d'Aroue d'origine romane, à chevet circulaire, conservant au linteau de la porte de la sacristie des bas-reliefs du 12e siècle provenant de l'ancien porche. Ils représentent, aux prises avec deux cavaliers en armure, un saint Jacques à cheval, symbole du « Matamor ». Presque en face, mairie aux fenêtres à meneaux, avec, adjacent, le gîte d'étape.

Poursuivre par la D 11 jusqu'au centre d'Aroue.

Du château de Joantho à Olhaïby   `5 km` `1 h 10`

82 Au **château de Joantho**, quitter la D 11 pour tourner à gauche. Suivre la route longeant le manoir, l'étang et les ruines de la chapelle seigneuriale. Laisser les divers accès aux fermes.

83 Après la ferme Begorre, poursuivre plein Sud. A la patte d'oie, continuer en face pour monter la piste partant à droite. Elle serpente en crête jusqu'à une maisonnette abandonnée (*Harguinaborda*). Monter en face jusqu'au carrefour.

84 Bifurquer à gauche (Nord-Ouest). Dépasser Etchebarnia pour rejoindre la route d'**Olhaïby** au carrefour.

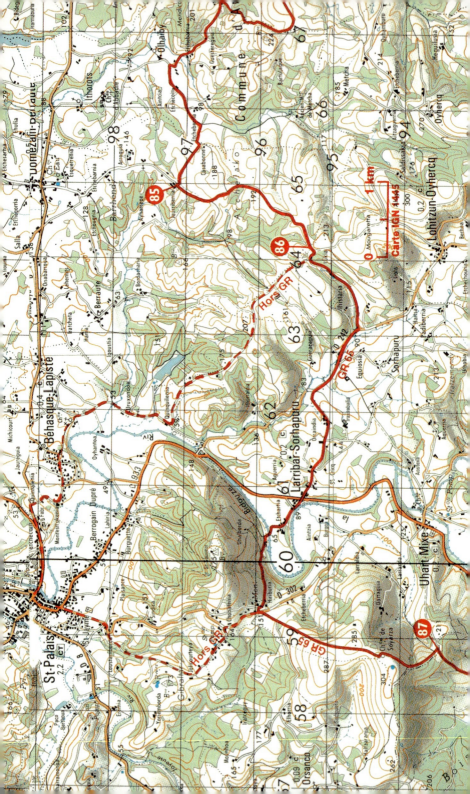

D'Olhaïby à la ferme de Benta   `4 km` `1 h`

Eglise romane Saint-Just : mobilier 17e et 18e, porte moulurée, et au-dessus dans l'étage du porche, pierre sculptée aux armes de France. Abri possible.

Au carrefour Eyhaerabide, tourner à gauche en laissant la chapelle d'**Olhaïby** à 300 m à droite. Après Etcheberria, à 200 m, virer à droite vers Casabonne. Tourner encore à droite jusqu'à la ferme Jaurriberria.

85 Emprunter à gauche un chemin sur le plateau d'Archelako sur 2,5 km. A l'intersection en T, descendre à droite à la **ferme de Benta**.

De la ferme de Benta à Larribar-Sorhapuru   `4 km` `1 h`

A Larribar-Sorhapuru :

> Hors GR pour **Saint-Palais** `5 km` `1 h 15`
>
>
>
> Saint-Palais devrait s'appeler *Donapaleu* en basque. Son nom de Sant-Pelay est une forme gasconne, il s'agit en effet d'une ville neuve du 13e. Elle connut un essor au 16e quand les rois de Navarre, ayant perdu la partie espagnole de leur royaume, firent de Saint-Palais la capitale de ce qui leur en restait : d'où de très beaux édifices. Musée de la Basse-Navarre et des chemins de Saint-Jacques à côté de la mairie.
>
> A la ferme de Benta, suivre le chemin menant à Quinquilenia, puis des routes.

86 Le GR® contourne la **ferme de Benta** par la gauche et, quittant le plateau, descend vers la D 242. L'emprunter à droite sur 1 km. Suivre à gauche une route secondaire jusqu'à **Larribar-Sorhapuru**.

De Larribar-Sorhapuru à Hiriburia   `2 km` `30 mn`

Traverser **Larribar-Sorhapuru** puis la D 933. Suivre une route qui passe à Etchartia. 500 m après, franchir la Bidouze et tourner à gauche. Le sentier monte plein Ouest vers le plateau, à travers bois, jusqu'à **Hiriburia**.

D'Hiriburia à Ostabat-Asme   `7 km` `1 h 45`

A Ostabat-Asme :

A proximité au Nord, la stèle de Gibraltar, pierre discoïdale, marque le point de réunion des trois Chemins de Saint-Jacques venant du Puy-en-Velay, de Vézelay et de Tours.

▶ Possibilité de gagner Saint-Palais en suivant vers le Nord le Chemin de Tours, balisé de coquilles Saint-Jacques.

A **Hiriburia**, traverser la D 302. Suivre le chemin de procession qui monte à la chapelle de Soyarza (*elle a remplacé un oratoire dédié à Notre-Dame et dont la garde était assurée par les chanoines de Roncevaux*). Descendre la piste jusqu'à la stèle.

Le makhila

Fabricant de makhila, bâton basque adapté
à la marche en montagne. *Photo C. Médale/Zapa.*

Le premier écrit où apparaît le makhila
est le *Guide du pèlerin* d'Aymeri Picaud.
Le bâton basque, court et
plus lourd dans la partie inférieure
est particulièrement adapté à
la marche en montagne. C'est la
demande importante des Jacquets
au cours de l'histoire qui a accéléré
son développement. A l'origine simple
gourdin muni d'une lanière, le makhila
est devenu au fil des siècles
un objet de luxe ornementé,
doté d'une sorte
de poignard-aiguillon
le transformant en arme
de défense. Le makhila est
fabriqué de façon artisanale
sous le sceau du secret,
transmis de génération
en génération depuis
le Moyen Age à Larressore,
petit village au nord-ouest
de Saint-Jean-Pied-de-Port.
Les rameaux de néflier sont
sélectionnés sur pied, puis
entaillés et en partie ciselés
à certaines périodes de
la lunaison. Plusieurs mois
durant, la sève cicatrise
les incisions et sculpte
naturellement le bois.
Puis les branches sont
coupées, triées et mises
à sécher pendant une quinzaine
d'années. Seulement alors commence
le travail en atelier. Une bague ferrée
et une pointe d'acier filetée sont
fixées à chaque extrémité du bâton,
tandis que la poignée est recouverte
d'une gaine en cuir tressé.
Le propriétaire choisit la devise gravée
qui figurera sur le pommeau.

Le vignoble d'Irouléguy

L'un des plus petits de France,
occupant une superficie de
145 hectares, le vignoble d'Irouléguy
est présent dans le pays de Cize
depuis le 12e siècle. Mais il ne prit
son essor qu'après la Seconde
Guerre mondiale grâce à une poignée
de viticulteurs. Aujourd'hui,
le vignoble qui produit l'unique vin
du pays basque français s'étage
sur les terrasses qui dominent Saint-
Jean-Pied-de-Port et autour
de Saint-Etienne de Baïgorry.
Ce vin, qui avait autrefois une fâcheuse
réputation, fut amélioré dans les
années 80 grâce à une sélection
de cépages de cabernet, cabernet-
sauvigon et tannat, et à l'instauration
d'une vinification moderne.
Aujourd'hui, il fournit une production
modeste de 3 à 4 000 hectolitres.
A l'origine VDQS, le vin d'Irouléguy se
distribue en plusieurs vins AOC un
peu rustiques quoique honorables,
dont un rouge millésimé, assez corsé.
Il accompagne agréablement
la cuisine locale : foie gras, charcuterie
et fromage de brebis.

L'espadrille

Introduites dans le sud-ouest de la France au 18e siècle, les espadrilles ou *espartegnas* étaient jadis couramment portées par les Basques et les Béarnais. En effet, ces chaussures légères, constituées d'une empeigne de toile et d'une semelle de jute tressé ,convenaient parfaitement aux habitants d'une région de collines et de piémont. A l'origine produit d'un artisanat familial, elles sont aujourd'hui fabriquées en usine à Saint-Palais, Oloron et Mauléon et appréciées des estivants.

Espadrilles ou *espartegnas*.
Photo G. Masicard/Zapa.

Le fromage de brebis

Le traditionnel fromage de brebis basque ou *ardi gasna* au goût fort et sauvage est aujourd'hui fabriqué dans des laiteries industrielles, dans des fromageries artisanales, mais aussi dans le *cayolar*, cette cabane servant d'abri au berger lorsqu'il se trouve dans les estives. Le lait est tiédi dans un chaudron de cuivre, puis caillé avec de la présure. Le caillé est pétri et moulé, puis séparé du petit-lait. Placé sur une étagère trois semaines durant, le fromage est salé et retourné chaque jour, puis retourné et brossé chaque semaine pendant deux ou trois mois. On obtient de grosses tommes d'environ 5 kg, à la croûte lisse et mince enrobant une pâte dense et tendre.

Le musée de la Basse-Navarre

Saint-Palais abrite un intéressant musée consacré à l'histoire de cet ancien royaume. Une partie est réservée à la ville elle-même, une autre à la Basse-Navarre, et enfin, une troisième met à l'honneur l'étape jacquaire majeure, puisque Saint-Palais se trouve à la croisée de trois des chemins français de Saint-Jacques (le chemin du Puy-en-Velay, le chemin de Vézelay et le chemin d'Arles). Le musée évoque les multiples variantes qui sillonnent le pays de Cize. Parmi les pièces exceptionnelles, on peut découvrir : un saint Jacques matamore, la sculpture d'un leveur de pierre et une stèle discoïdale figurant un chevalier.

Statue de saint Jacques au musée de Basse-Navarre à Saint-Palais.
Photo E. Follet.

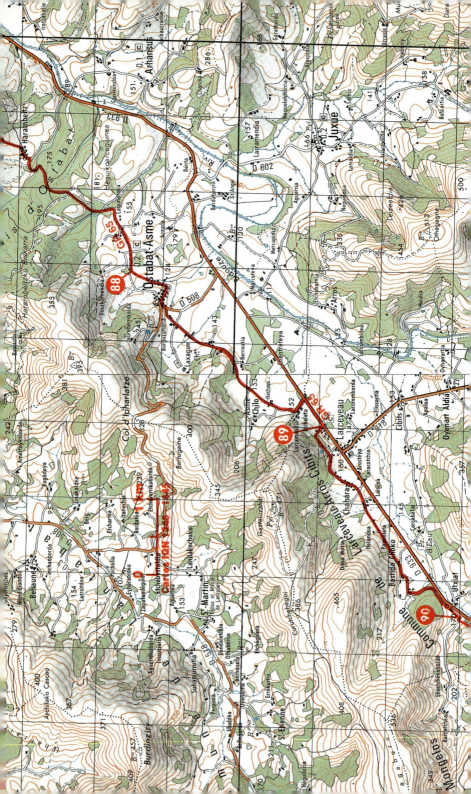

87 A la stèle, gravir le talus à droite vers le bois, pour descendre à Harambelz.

Ici se trouvait le prieuré-hôpital Saint-Nicolas tenu par les bénédictins. Chapelle romane : retable 18e, statue de saint Jacques, chrisme 11e au-dessus de la porte, croix de Malte et étoile à cinq branches.

Laisser la piste et continuer sur Uhart-Mixte. Contourner la chapelle pour quitter la route. Descendre à droite dans le bois en laissant une piste plus à droite. Franchir l'Harambelzeko pour s'élever sur une piste en forêt. Passer le ruisseau Ithurriberriako et longer un groupe de maisons.

88 A la stèle, au bord de la route, descendre le chemin creux. Après la traversée d'un gué aménagé, déboucher dans le bas d'**Ostabat**. Après la maison Ospitalia *(gîte)*, grimper à droite pour accéder au cœur du village.

D'Ostabat-Asme au carrefour de Larceveau `3,5 km` `50 mn`

A Ostabat-Asme : ⬠ 🛏 ☕ 🛒 🍴

Au carrefour de Larceveau : 🏧 🛒 🍴

Ostabat était un lieu de rassemblement très important pour les pèlerins venant par les diverses routes. Il existait plusieurs hôpitaux et bâtiments pouvant abriter jusqu'à cinq mille personnes. Il n'en reste que quelques vestiges, dont la maison Ospitalia qui a retrouvé sa vocation et la croix Sainte-Catherine, qui marque l'emplacement d'une ancienne église. Linteaux sculptés sur plusieurs maisons, dont celle du forgeron Barca, 18e.

Sortir d'**Ostabat** par le Sud-Ouest. Descendre la route vers Burguzaharia. On aperçoit, à 300 m à droite, le château de Laxague *(nom d'une illustre famille de Navarre)* devenu simple ferme. Passer au-dessus de la ferme Berrautia. Poursuivre sur un chemin devenant route au niveau des maisons. Près de Larramendia, virer à gauche pour rejoindre la D 933. La suivre jusqu'au **carrefour de Larceveau**.

Du carrefour de Larceveau à Saint-Jean-le-Vieux `13 km` `3 h 10`

A Saint-Jean-le-Vieux : 🏧 ⛺ 🛒 🍴 🚌

A Larceveau (situé sur la gauche du GR®), des stèles discoïdales de 1648 bordent l'église.

89 Avant le rond-point de **Larceveau**, prendre à droite un chemin desservant les quartiers Chahara et Bastida Choko. Cheminer 2,5 km au pied des collines. Après le pont, suivre le ruisseau l'Arlako vers le Sud et revenir au niveau de la D 933 à Uxiat.

Vestige d'un prieuré-hôpital dédié à sainte Madeleine, qui hébergeait des pèlerins dès 1199.

Suivre la piste parallèle vers le Sud-Ouest.

Les églises basques

Entourée de son cimetière et du village regroupé contre son enceinte, l'église basque se présente comme une forteresse aux murs épais et au plan simplifié sans transept ni bas-côtés. La plupart des églises romanes de la région possèdent un clocher-pignon. En Basse-Navarre, celui-ci s'arrondit, dessinant un fronton. La nef unique est couverte d'un plafond plat en anse de panier ou en plein cintre, souvent en bois peint. Parfois, un vaste porche abrite le portail d'entrée. Les églises de la région présentent souvent des galeries de deux ou trois rangs superposés, rajoutées pour répondre aux besoins d'agrandissement. Abondamment décorées de motifs ornementaux inspirés du mobilier populaire basque, elles occupent la partie arrière et les deux murs de la nef. Selon les principes du concile de Trente et du concile de Toulouse établis en 1590, les églises basques se caractérisent par leur maître-autel systématiquement surélevé au fond du chœur. Il est entouré d'un retable de style baroque du 17e ou du 18e siècle en bois peint, à colonnes torses ou moulurées, noyé dans une profusion d'ors, d'arabesques et de volutes. Reprenant les motifs de l'art catholique, les panneaux sculptés ou peints s'inspirent de la vie du saint auquel l'église est dédiée, déployant un répertoire décoratif très riche.

Croix de carrefour et stèles discoïdales

Le Pays basque est riche en vieilles croix de pierre dressées au voisinage de bâtiments hospitaliers ou de prieurés, aux carrefours ou sur les places des villages. Elles se distinguent de la croix basque à branches coudées qui fait appel à la roue solaire et qui orne les stèles funéraires. Témoins de l'identité basque, ces stèles discoïdales abondent dans les cimetières de la région. Les plus anciennes remontent au 16e siècle, même si elles furent très employées tout au long du Moyen Age. Surmontant une base de forme triangulaire, elles comportent des motifs très variés : formes géométriques, emblèmes corporatifs, outils, images et symboles de la tradition populaire basque. En Basse-Navarre, le contour de la base et des branches peut être découpé en arrondis symétriques, lancéolés ou boursouflés, ornementé de feuillage de style Directoire et coloré en blanc et noir. Au pays de Cize, les stèles peuvent atteindre un mètre de hauteur. On en rencontre également en Béarn et dans les Landes. Reproduisant parfois des symboles religieux païens, évoquant certaines fresques du paléolithique, ces stèles discoïdales constituent une énigme pour les chercheurs.

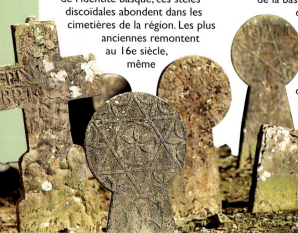

Stèles discoïdales ou croix de carrefour. *Photo E. Follet.*

Les donats

L'histoire basque se distingue par ses *donats*, communautés laïques et familiales dont les membres étaient voués au prieuré et à l'hôpital et liés par des vœux mineurs : obéissance, pauvreté et chasteté en cas de veuvage. Dans le cadre de leurs engagements, les donats qui œuvraient sur l'ordre du prieur se mettaient au service des pèlerins. Utxiat et Harambeltz ont abrité d'importants prieurés hôpitaux médiévaux dont l'organisation reposait sur les donats. Depuis la fermeture de l'hôpital de Harambeltz à la Révolution, quatre familles de donats se sont instituées propriétaires de la chapelle qu'elles ont pris en charge de génération en génération. Leurs descendants vivent encore aujourd'hui dans les maisons voisines de la chapelle.

Une mosaïque de fêtes

Défilé en costumes de carnaval. *Photo F. Ducasse/Zapa.*

Les Basques ont un exceptionnel sens de la fête, qui se traduit par toutes sortes de festivités. Véritable sport national et pilier de l'identité basque, la pelote basque constitue avant tout un plaisir collectif à la sortie de la messe ou le dimanche après-midi. Des concours de force sont organisés chaque année dans tout le Pays basque, sorte d'olympiades rustiques où les joutes sont issues de la vie pastorale : bûcheronnage, lever de pierres, fauchage des foins et portage de sacs de céréales. Les danses basques sont très diversifiées, accompagnées de costumes aux couleurs vives : cavalcade, fandango, mascarade, danse des épées et saut basque. La Fête-Dieu est fréquemment l'objet d'une procession où l'on défile en superbes costumes de carnaval.

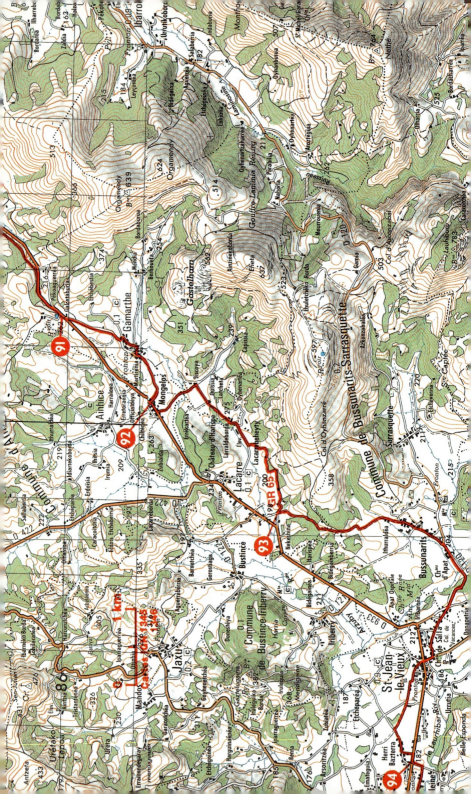

90 Suivre encore le chemin sur 200 m parallèlement à la route, puis un sentier en lisière de bois. Rejoindre la D 933 près de la croix de Galzetaburu.

Datée de 1714 et perchée sur un fût rond, elle porte au devant un Christ naïf, au revers une Vierge à l'Enfant, et sur le socle deux inscriptions : un hymne latin et un texte basque indiquant qu'on est à mi-chemin de la Soule et du Labourd. Le nom signifie « tête de chemin ». L'emplacement est celui d'un croisement de voies romaines, endroit où arrivaient aussi les pèlerins venus par le chemin secondaire de L'Hôpital-Saint-Blaise et Mauléon.

91 Traverser la D 933 et prendre à gauche la D 522 qui traverse Gamarthe, puis rejoint le hameau de Montgelos au bord de la D 933.

92 La suivre à gauche sur 200 m pour repartir à gauche sur une petite route qui longe le coteau ; 200 m après le pont, à la ferme Biscaya, tourner à angle droit sur une route secondaire. Rejoindre un ruisseau sans le franchir. Laisser à droite la route qui continue sur Lacarre et poursuivre vers le Sud, puis le Sud-Ouest.

En chemin, vue à l'entrée Nord de Lacarre, sur le château d'Harispe qui remonte au 12e, époque où Bertrand de Lacarre fut l'amiral de la croisade de Richard Cœur de Lion. Deux fois transformé aux 15e et 19e, il tient son nom actuel du maréchal d'Harispe qui l'acheta en 1820 : soldat de la Révolution, créateur des Chasseurs Basques, général sous Napoléon Ier, maréchal sous Napoléon III.

93 S'approcher de la D 933 sans y revenir. Au croisement, virer à gauche, plein Sud, sur la route s'élevant vers un col pour redescendre par une piste empierrée, puis goudronnée sur Bussunarits. Après le calvaire, longer le château d'Apat ou Apathia *(maison forte médiévale remaniée en 1764)*. Franchir le pont et prendre Nord-Ouest pour atteindre **Saint-Jean-le-Vieux**.

Saint-Jean-le-Vieux est certainement le *Immus Pyreneus* : station romaine située sur l'itinéraire d'Antonin. Des fouilles archéologiques l'ont confirmé. De là, on montait par Saint-Michel vers Urcullu et le col de Roncevaux. C'est sans doute l'itinéraire que suivirent Charlemagne et Roland et aussi Aymery Picaud. Le détour par Saint-Jean-Pied-de-Port dut se développer à partir du 13e siècle. L'église paroissiale Saint-Pierre, qui s'appela jusqu'au 14e siècle Saint-Pierre-d'Usacoa et qui dépendait des chanoines augustins de Roncevaux, possède un portail roman du 12e siècle, restauré en 1630. Un château était construit sur le *turon* (piton) qui domine la ville ; il fut détruit par Richard Cœur de Lion en 1177. A 1 km au Nord de Saint-Jean-le-Vieux, au bord de la D 933, une chapelle Saint-Blaise éventrée, servant de garage, mais gardant occulus et porte gothique, est tout ce qui reste de l'ancien Aphat-Ospitale, hôpital de l'ordre de Malte en 1286.

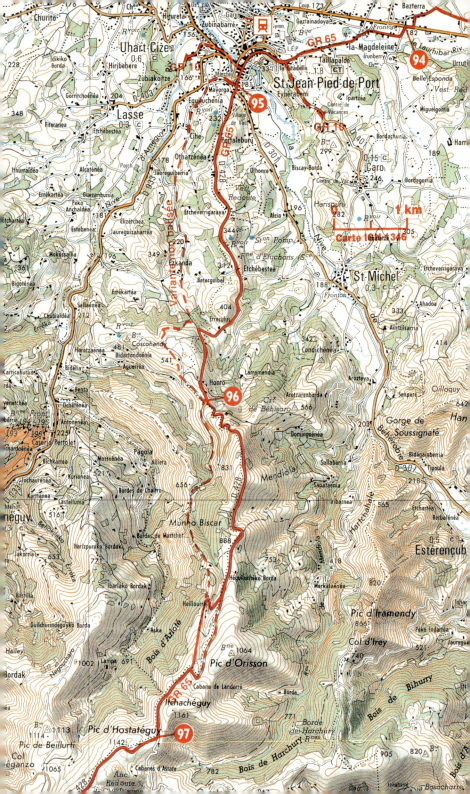

De **Saint-Jean-le-Vieux** à **Saint-Jean-Pied-de-Port** `4 km` `1 h 05`

A Saint-Jean-le-Vieux :

A Saint-Jean-Pied-de-Port :

A l'église de **Saint-Jean-le-Vieux,** traverser le carrefour et la place du fronton. Au fond de la place, à gauche, prendre une petite route, Nord-Ouest puis Ouest, parallèle à la D 933. Poursuivre sur 1 km et au carrefour, tourner à gauche. A l'intersection suivante, encore à gauche, puis suivre à droite sur 100 m, la D 933.

94 Traverser la nationale pour prendre vers la gauche une route bordée de platanes. Faire 150 m et virer à droite vers le quartier de la Madeleine.

A la sortie du hameau : église Sainte-Marie-Magdeleine. Son architecture s'apparente à celle du prieuré-hôpital de la Madeleine de la Recluse, gothique du 15e siècle. Elle a remplacé une chapelle beaucoup plus ancienne.

Après le fronton, franchir le Laurhibar et monter la route pour couper la D 401. Rencontrer le GR®10 pour entrer dans **Saint-Jean-Pied-de-Port** par la porte Saint-Jacques *(monument classé).* Longer le gîte des pèlerins et descendre la rue pavée de la Citadelle.

De **Saint-Jean-Pied-de-Port** à **Huntto (ou Honto)** `4,5 km` `1 h 35`

A Honto :

Dans la ville de Saint-Jean-Pied-de-Port, dont chaque maison est pittoresque, on peut voir l'église de l'Assomption, édifice gothique du 14e siècle qui était attenant au prieuré-hôpital Sainte-Marie, dit aussi Notre-Dame-du-Pont. Il existait dès le 12e siècle un autre hôpital, Sainte-Eulalie, dont il reste un portail. Voir également la citadelle, dont Vauban coiffa la ville forte, et la prison des Evêques, qui ne fut prison que plus tard, mais qui rappelle que la ville fut siège épiscopal lors du schisme d'Avignon, entre 1383 et 1417.

▶ A Saint-Jean-Pied-de-Port, les itinéraires du GR® 65 et du GR® 10 se croisent. Le GR® 10 vient de l'océan par Saint-Etienne-de-Baïgorry. Ses étapes suivantes sont Esterençuby et la forêt d'Iraty. Le GR® 65 emprunte le chemin historique maintenant goudronné. *L'ancien tracé du GR® 65 est mentionné en tirets sur la carte comme variante non balisée.*

De direction générale Sud, le GR® quitte **Saint-Jean-Pied-de-Port** par la porte Notre-Dame, le pont sur la Nive et la porte d'Espagne au Sud de l'église.

▶ Une variante non balisée emprunte à droite le chemin de Mayorga, à gauche celui de Cihe et rejoint Honto et le GR® au repère **96** en 6 km *(tracé en tirets sur la carte).*

95 Prendre la D 30, route du Maréchal Harispe, pour s'élever régulièrement sur 13 km jusqu'à la frontière sur un vieux chemin, aujourd'hui goudronné : la route Napoléon ou D 428. Gagner **Huntto** ou *Honto* (500 m).

Charlemagne et son armée sortent d'Aix-la-Chapelle pour aller à Compostelle. *Photo Dagli Orti.*

En quittant Saint-Jean-Pied-de-Port (il faudrait dire *Doniban Garazi*), le pèlerin avait le choix entre gravir tout de suite la montagne et la franchir au col de Bentarte ou suivre la vallée de la Nive jusqu'à Valcarlos et ne commencer à grimper qu'au-delà de cette localité pour culminer au col d'Ibaneta.

La première de ces options correspond à la « route des crêtes », la seconde, comme son nom l'indique, est une route de vallée.

Les routes de crêtes sont, en général, plus anciennes que celles de vallée. Ici, la route du col de Bentarte n'est autre que l'ancienne voie romaine de Bordeaux à Astorga et c'est celle qui fut suivie (dans le sens Espagne-France) par l'armée de Charlemagne le jour tragique du 15 août 778 : l'embuscade tendue par les montagnards basques à l'arrière-garde du roi des Francs (et qui n'a rien de commun avec la gigantesque bataille rangée évoquée par la Chanson de Roland environ trois siècles plus tard) pouvant être située au ravin de Lepoeder, c'est-à-dire entre les deux cols de Bentarte et d'Ibaneta.

La route de Valcarlos est, à l'évidence, plus tardive : c'est pourtant elle qui eut (grâce aux chanoines de Roncevaux qui entretenaient des prieurés-hôpitaux à Mocosail, près de Saint-Jean-Pied-de-Port, Irauzqueta à Val Carlos et Gorosgaray (à mi-pente entre Val Carlos et Ibaneta) la faveur des pèlerins dès le 14e siècle. Elle est devenue la route moderne, l'autre étant quasiment

La croix du col d'Ibaneta. *Photo E. Follet.*

abandonnée, en raison de ses pentes trop fortes, surtout au sortir de Saint-Jean-Pied-de-Port. Mais, curieux revirement de situation, cette dernière, intégralement goudronnée, parcourue par une forte circulation automobile (et particulièrement de poids lourds) est, de nos jours, à son tour, délaissée par les piétons et les cavaliers qui préfèrent affronter, dans la sérénité montagnarde, la rude montée vers Bentarte. C'est cette route qui a été choisie pour devenir l'ultime tronçon du GR® 65...

Le col de Roncevaux, à Ibaneta. *Photo E. Follet.*

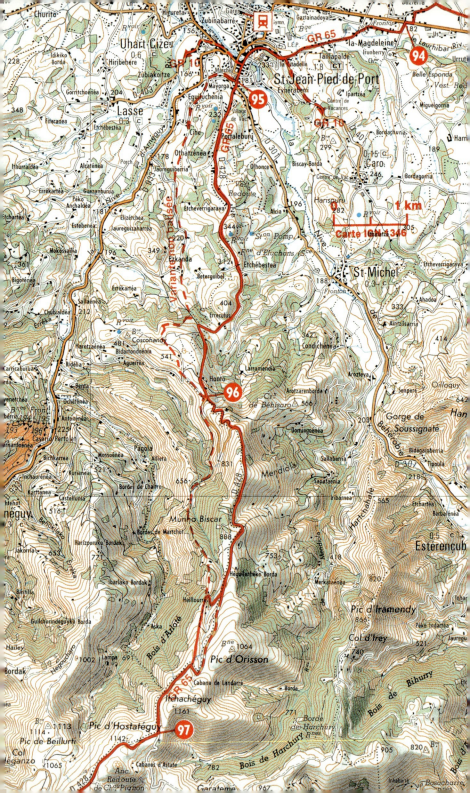

La route Napoléon est en fait la voie romaine, arrivant de Saint-Palais et passant à Honto, ouverte en 55 avant J.-C., reliant Bordeaux à Astorga en Espagne, utilisée par les armées en marche et les cortèges princiers, et ce, jusqu'à l'époque de Napoléon.
Elle fut aménagée pour le passage des troupes impériales vers l'Espagne. Mais elle se compose en fait de deux parties beaucoup plus anciennes : de Saint-Jean-Pied-de-Port à Honto, elle correspond à l'itinéraire jacquaire du 13e, époque où venait de naître sur l'initiative des rois de Navarre cette ville nouvelle qui draina le flot des pèlerins. A partir de Honto, elle retrouvait la voie romaine, elle-même héritière d'un chemin préhistorique de l'étain qui passait par Saint-Jean-le-Vieux et Saint-Michel et constituait donc au 11e siècle le chemin de Saint-Jacques primitif.
Au bout de 4 km, la maison Erreculu a pour étymologie *recluse,* du nom d'une chapelle disparue : Sainte-Madeleine-la-Recluse, où l'on venait en pèlerinage.

De Huntto à la Vierge de Biakorri   6 km   1 h 45

A Honto : 🏠 🍴

Quitter **Huntto** et suivre la route sur 300 m.

96 Prendre sur la gauche un raccourci un peu raide coupant un lacet de la route. A nouveau sur celle-ci, s'élever sur 1,5 km jusqu'à l'embranchement d'une piste goudronnée au début en direction du (Sud - Sud-Ouest) pour retrouver 1,5 km plus loin la D 428 et atteindre le col au Sud d'Itchachéguy où se dresse, sur un rocher à gauche, un peu à l'écart de la route, la **Vierge de Biakorri** dite Vierge d'Orisson (1 100 m).

Biakorri, nom du lieu, se traduisant par « les vents qui courent ». En effet, ce site est assez venté. Une statue mariale, apportée de Lourdes par des bergers, a été érigée en ce lieu.
Dans les parages, il y a sur les pentes du pic d'Hostatéguy, un lieu dit *Karossa Uskali* (carrosse renversé) : le 6 janvier 1560, Elisabeth de Valois, quinze ans et demi, fille d'Henri II, roulait vers l'Espagne pour y épouser le roi Philippe II, quand une voiture de son escorte versa. Il y eut des morts, des chevaux tués, des bagages perdus.
Indemne et chaleureusement accueillie à Roncevaux, la princesse y vit quatre cents pèlerins et donna trois réaux à chacun.

Un repos
bien mérité…
Photo P. Saillans/Zapa.

De la **Vierge de Biakorri** au **col de Bentarte**   5 km   I h I5

97 Laisser la **Vierge de Biakorri** et une route à gauche. Le GR® suit la route qui oblique à gauche vers le Sud-Ouest. Remonter vers la crête en laissant à l'Est les ruines de la redoute de Château-Pignon (*de l'espagnol* penon, *rocher, construite au 15e par le roi d'Aragon après la conquête de la Navarre*). Laisser à droite la D 128 (panneau) puis le chemin rocailleux qui descend vers les bergeries d'Urdanarré. Poursuivre sur 350 m.

98 A la croix Thibaut, en grès rose (*don d'un pèlerin contemporain*), le GR® quitte la route et continue vers le Sud par un vague chemin herbeux.

▶ En cas de brouillard, poursuivre sur la route vers l'Est jusqu'au col d'Arnostéguy (1 236 m), poste frontière au pied de la redoute d'Urculu (*enceinte ronde faite de gros blocs, préhistorique pour les uns, trophée romain pour d'autres*). Il suffit ensuite de longer vers l'Ouest la clôture frontière pour retrouver le point frontalier du GR® (*non balisé*).

Le GR® 65 contourne vers l'Ouest le pic de Leïzar Athéka. Par un large chemin horizontal, il passe au pied du **col de Bentarte** (1 344 m).

Du **col de Bentarte** au **puerto de Ibañeta**   7 km   I h 50

Fontaine dite de Roland.
Dans le cadre de la rénovation du Chemin de Saint-Jacques, le Conseil Général des Pyrénées-Atlantiques, maître d'ouvrage, a financé l'aménagement de la fontaine.

99 Ne pas franchir le **col de Bentarte**, longer encore la frontière espagnole sur 300 m jusqu'à la borne 199 (1 337 m). Suivre en Espagne, à flanc de montagne, le chemin forestier Ouest - Sud-Ouest d'une hêtraie. Au bout d'une demi-heure, arriver à un col avec enclos et bergerie. Continuer à flanc (Ouest) sur 500 m, jusqu'à un nouveau col.

100 Prendre en amont le chemin de droite (Sud-Ouest). Grimper sur le versant Est du Mendi Chipi jusqu'au col Lepœder (1 430 m). Suivre à droite (Ouest) un sentier qui, 250 m après, rattrape une route, sinueuse et à forte pente. La quitter après une demi-heure dans un replat entre bosquets et prendre à droite, entre des arbres, un sentier (Ouest) qui descend sur la chapelle San-Salvador au **puerto de Ibañeta** (1 057 m).

Du **puerto de Ibañeta** à **Roncesvalles (Roncevaux)**   I km   20 mn

Au **puerto de Ibañeta**, retrouver la route internationale d'Arnéguy à Roncevaux. Le sentier part à gauche vers le Sud à travers un pâturage, devient un chemin dans la hêtraie et mène droit à l'entrée du monastère de **Roncesvalles (Roncevaux)**.

▶ Pour demander l'hospitalité, traverser les deux cours jusqu'à la porte méridionale.

▶ Pour la suite de l'itinéraire vers Compostelle : ouvrage de l'abbé Bernès, L. Laborde-Balen, G. Véron et Rob Day : *Le Chemin de Saint-Jacques-de-Compostelle, Guide pratique du pèlerin en Espagne* (voir bibliographie, page 17).

L'accueil des pèlerins à Roncevaux

Plusieurs tampons apposés sur la *credencial* d'un pèlerin jusqu'à Roncevaux. *Coll. part.*

C'est le poème dit de *la Preciosa* (dont le manuscrit est conservé au musée de la collégiale), rédigé vers la fin du 12e siècle ou le début du 13e siècle, qui nous décrit le mieux l'accueil réservé aux pieux voyageurs dans le célèbre monastère-hôpital navarrais.

Cette œuvre, entièrement à la gloire des chanoines augustiniens, dont le style est à la fois recherché et emphatique, apparaît comme le premier « dépliant touristique » connu.

La « maison de Dieu » semble être, d'abord, largement ouverte : « La porte est ouverte à tous, aux malades et aux valides. Non seulement aux catholiques, mais aussi aux païens et aux juifs, aux hérétiques, aux oisifs et aux vaniteux. Bref, aux bons et aux mauvais. » Un tel esprit de tolérance envers les non-chrétiens et les déviants est bien peu en accord avec la mentalité médiévale... Ne soyons pas dupes !

La réception des hôtes revêt, dès leur arrivée, un caractère symbolique, même si l'« utilitaire » n'est pas absent des gestes accomplis : « Dans cette maison des pauvres, on leur lave les pieds, on leur enlève la barbe avec des rasoirs, après leur avoir lavé la tête, on leur coupe les cheveux.» Ajoutons à cela, bienfait capital pour des marcheurs, qu'on utilisait le cuir pour la réparation de leurs sandales.

Le pèlerin était ensuite admis à prendre son repas et était accueilli pour la nuit, dans un bon lit. Bien sûr, accepter l'accueil religieux exigeait de se plier à certaines contraintes concernant la nourriture, quelquefois frugale en période de jeûne, sans compter l'obligation d'assister aux offices et de respecter le silence. C'est pourquoi certains pèlerins aisés (comme Jean de Tournai à la fin du 15e siècle) se contentaient de visiter l'hôpital de façon quasi touristique avant d'aller chercher gîte et couvert à l'auberge voisine pour y faire meilleure chère et échapper à la discipline des religieux.

Celui qui ne souhaitait pas faire halte en ce lieu, pourtant si accueillant, avait la possibilité de bénéficier de la « passade ». La route, en effet, traversait (cela est encore visible de nos jours, même si la route carrossable contourne l'ensemble des bâtiments) l'ensemble hospitalier, et deux voûtes la recouvraient entre l'hôpital et la maison du chapelain, et entre la maison du prieur et la résidence des chanoines. Sous la première, les pèlerins pouvaient recevoir au passage une ration de pain et même, à partir de 1270, les dimanches et jours de fête, une ration de vin.

Longtemps tombée en sommeil, la tradition hospitalière a été restaurée à Roncevaux depuis une vingtaine d'années. Les vrais pèlerins (ceux qui vont à pied, voire à bicyclette s'il y a suffisamment de place, et sont munis de leur « credencial ») peuvent de nouveau bénéficier de l'accueil des chanoines, désormais sécularisés. Une centaine de lits sont à leur disposition dans les locaux, récemment remis en état, de l'ancien hôpital. Ils sont cependant nourris, aujourd'hui, à l'auberge voisine, moyennant paiement du repas du pèlerin. Les gestes

rituels et « sanitaires » donnés autrefois par les chanoines ont disparu : des lavabos et des douches sont à la disposition des pèlerins. Mais la communauté canoniale se réduit à ce jour à trois membres auxquels il est impossible de demander de s'acquitter de toutes les tâches qui étaient partagées, selon les statuts de 1287, entre soixante-douze personnes : prêtres (chargés du soin des âmes et de la célébration de l'Office divin), chevaliers (responsables de la sécurité et chargés de ramener les égarés sur le bon chemin), frères et sœurs (pour le service des hôtes) et donats (pour le service des frères et des sœurs, c'est-à-dire l'accomplissement des missions matérielles les plus ingrates). Par ailleurs, signe des temps, l'accueil ne peut plus « être absolument gratuit » comme se plaisait à l'indiquer le poème de *la Preciosa* : « Tout ce que cette maison dispense si largement est gratuit : ce n'est pas l'œuvre de l'homme mais de la divinité. »

Détail de l'intérieur de la collégiale de Roncevaux. *Photo E. Follet.*

Index des noms de lieux

Direction des éditions : Dominique Gengembre. **Coordination éditoriale :** Arlette Moreau et Philippe Lambert. **Secrétariat d'édition :** Nicolas Vincent. **Cartographie et fabrication :** Olivier Cariot, Frédéric Luc, Jérôme Bazin, Nicolas Vincent. **Relecture et correction :** Brigitte Arnaud. **Maquette :** Michel Ganne.

2e édition : juin 2001
© FFRP-CNSGR 2001 - ISBN 2 85 699 905 0 - © IGN 2001
Dépôt légal : Décembre 2001
Compogravure : MCP (Orléans)
Impression : Jouve (Mayenne)